- Repetitorium -

Nutzen Sie unser vielfältiges

Seminarangebot

zur effektiven und gezielten

Klausur- und Prüfungsvorbereitung.

Alle Infos zu unseren Seminaren finden Sie auf

www.exvo.net

Das Vervielfältigen (kopieren) sowie die Weitergabe des Skripts auf elektronischem Wege ist verboten und wird im Falle der Zuwiderhandlung straf- und zivilrechtlich verfolgt.

KOMMUNALRECHT NRW

Basiswissen & Prüfungsschemata

Bibliografische Information der Deutschen Nationalbibliothek:
Die Deutsche Nationalbibliothek verzeichnet diese Publikation in der Deutschen Nationalbibliografie; detaillierte bibliografische Daten sind im Internet über http://dnb.de abrufbar.

Joachim Krampetzki
Kommunalrecht NRW
- Basiswissen & Prüfungsschemata -
3. Auflage September 2020

Herstellung und Verlag: BoD - Books on Demand, Norderstedt

ISBN: 9783739228990

KomR NRW — Inhaltsverzeichnis

1. Rechtmäßigkeit eines Ratsbeschlusses _____ 1
1.1 Zuständigkeit
   - Verbandskompetenz _____ 2
   - Organkompetenz des Rates _____ 3
1.2 Verfahren
   - Einberufung des Rates _____ 4
   - Tagesordnung _____ 5
   - Sitzungsleitung _____ 7
   - Einhaltung der Geschäftsordnung _____ 8
   - Mitwirkungsverbot _____ 9
   - Beschlussfähigkeit des Rates _____ 10
   - Öffentlichkeit der Sitzung _____ 12
       - Ausschluss der Öffentlichkeit _____ 13
   - Abstimmung durch Beschluss _____ 14
2. Rechtsfolge bei Rechtswidrigkeit eines Ratsbeschlusses _____ 15
3. Rechtmäßigkeit einer Satzung _____ 16
   - öffentliche Bekanntmachung _____ 18
       - Bekanntmachungsverordnung _____ 19
   - Inkrafttreten einer Satzung _____ 21
4. Rechtsfolge bei Rechtswidrigkeit einer Satzung _____ 22
   - Unbeachtlichkeit der Verletzung von Verfahrens- und Formvorschriften nach § 7 VI GO _____ 23
5. inzidente Überprüfung der Rechtmäßigkeit einer Satzung im Rahmen einer Anfechtungsklage gegen den Vollzugsakt _____ 24

6.	Aufsicht	25
	Aufgaben der Gemeinden	26
	Aufgabenkreis nach Größe der Gemeinden	27
6.1	allgemeine Aufsicht	28
	Mittel der repressiven allgemeinen Aufsicht	30
	Unterrichtungsrecht	31
	Beanstandungs- und Aufhebungsrecht	32
	Anordnungsrecht	34
	Ersatzvornahme	35
6.2	Sonderaufsicht	36
6.3	Fachaufsicht	38
7.	Gemeindeorgane	39
7.1	Rat	41
	Aufgaben des Rates	42
	Zuständigkeit des Rates	43
	Zusammensetzung des Rates	44
	Wahl des Rates	45
	Rechte der Ratsmitglieder	47
	Fraktionsbildung	49
	Pflichten der Ratsmitglieder	51
	Pflicht zur Verschwiegenheit	52
	Vertretungsverbot	53
	Folgen einer Pflichtverletzung	55

7.2	Bürgermeister	57
	Aufgaben des Bürgermeisters	59
	Vertretung der Gemeinde durch den Bürgermeister	61
	Befugnisse des Bürgermeisters	62
7.3	Ausschüsse	63
7.4	Kommunalverfassungsstreitverfahren	65
	Klageart	66
	Prüfungsschema	67
8.	Einwohner und Bürger	69
	Mitwirkungsrechte	71
8.1	Einwohnerantrag - Zulässigkeit	72
	Einwohnerantrag - Verfahrensablauf	74
	Einwohnerantrag - Klage auf Zulassung	75
8.2	Bürgerbegehren – Zulässigkeit	76
	Unzulässigkeit eines Bürgerbegehrens nach § 26 V GO	78
	Bürgerbegehren – Verfahrensablauf	80
	Bürgerbegehren – Klage auf Zulassung	81
	Bürgerentscheid	82
9.	Selbstverwaltung der Gemeinden	
	Selbstverwaltungsgarantie	84
	Grenzen der Selbstverwaltung	85
	Gemeindehoheiten	86
	Eingriff in das Selbstverwaltungsrecht - Prüfungsaufbau	88
	Rechtsschutz gegen Eingriffe in das Selbstverwaltungsrecht	89

	Kommunalverfassungsbeschwerde	90
10.	öffentliche Einrichtungen	92
	Klage auf Zulassung zu einer öffentlichen Einrichtung	94
	Anschluss- und Benutzungszwang	98
11.	wirtschaftliche Betätigung der Gemeinden	99
	Rechtsform kommunaler Unternehmen und Einrichtungen	100
12.	Kreise	
	Aufgaben	101
	Selbstverwaltungsgarantie	102
	Kreisorgane	104

KomR NRW

Rechtmäßigkeit eines Ratsbeschlusses

I. **formelle Rechtmäßigkeit**

   1. **Zuständigkeit**

      a) **Verbandskompetenz** der Gemeinde, Art. 28 II 1 GG
      b) **Organkompetenz** des Rates, § 41 GO

   2. **Verfahren**

      a) **Einberufung** des Rates,
          § 47 GO i.V.m. der Geschäftsordnung
      b) **Tagesordnung**, § 48 I GO
      c) **Sitzungsleitung**, § 51 I GO
          insbesondere Eröffnung und Schließung der Sitzung
      d) **Einhaltung der Geschäftsordnung**
      e) **Mitwirkungsverbot**, § 43 II i.V.m. § 31 GO, § 50 VI GO
      f) **Beschlussfähigkeit** des Rates, § 49 I GO
      g) **Öffentlichkeit** der Sitzung, § 48 II GO
      h) **Abstimmung** durch **Beschluss**, § 50 I, V GO
      i) **Niederschrift** der Ratsbeschlüsse, § 52 GO

   3. **ggfs. spezialgesetzlich geregelte formelle Voraussetzungen**
     (Bsp.: Beteiligung der Öffentlichkeit/Behörden nach §§ 3, 4 BauGB)

II. **materielle Rechtmäßigkeit**

   1. **spezialgesetzliche Tatbestandsvoraussetzungen** bezogen auf den Inhalt des Beschlusses

   2. **keine Ermessensfehler** im Falle einer Ermessensentscheidung insbesondere: Ist der Beschluss **verhältnismäßig**?

   3. Sind die **sonstigen Rechtmäßigkeitsanforderungen** erfüllt?
      a) Ist der Beschluss **mit höherrangigem Recht vereinbar** (Grundgesetz, Landesverfassung, einfachen Gesetzen)?
      b) Ist der Beschluss inhaltlich **hinreichend bestimmt** (Bestimmtheitsgrundsatz)?
      c) Kann der Beschluss tatsächlich und rechtlich umgesetzt werden?

Verbandskompetenz

= Welche Aufgaben können die Gemeinden
ohne besondere gesetzliche Ermächtigung wahrnehmen?

inhaltlich

Art. 28 II 1 GG: „Den Gemeinden muss das Recht gewährleistet sein, **alle** Angelegenheiten **der örtlichen Gemeinschaft**...zu regeln."

Art. 78 II LVerf: „Die Gemeinden...sind...die...**alleinigen** Träger der öffentlichen Verwaltung, ..."

§ 2 GO: „Die Gemeinden...sind...**ausschließliche**...Träger der öffentlichen Verwaltung."

Daraus folgt, dass die Gemeinden die

Verbandskompetenz
für alle Angelegenheiten der örtlichen Gemeinschaft besitzen.

Was zählt zu den Angelegenheiten der örtlichen Gemeinschaft?

- **Def. des BVerfG:** „...diejenigen Bedürfnisse und Interessen, die **in der örtlichen Gemeinschaft wurzeln** oder auf sie einen **spezifischen Bezug** haben, die also den Gemeindeeinwohnern gerade als solchen gemeinsam sind, indem sie **das Zusammenleben und –wohnen der Menschen in der Gemeinde** betreffen."
- Es gibt **keinen feststehenden Zuständigkeitskatalog**; dem Gesetzgeber steht bei der Frage, welche konkreten Aufgaben zu den Angelegenheiten der örtlichen Gemeinschaft zählen, ein Einschätzungsspielraum im Rahmen des Vertretbaren zu.
- Im Zweifel gilt eine gesetzliche **Zuständigkeitsvermutung** zugunsten der Gemeinden.

räumlich

§ 2 GO: „Die Gemeinden sind **in ihrem Gebiet**,...ausschließliche...Träger der öffentlichen Verwaltung."

Folge: Die Verbandskompetenz ist räumlich auf das Gemeindegebiet beschränkt (vgl. §§ 15ff GO).

Organkompetenz des Rates

Die Zuständigkeit des Rates ergibt sich aus
§ 41 I 1, 1. Halbsatz GO:

„Der Rat der Gemeinde ist für
alle Angelegenheiten der Gemeindeverwaltung zuständig, (...)."

Daraus folgt der Grundsatz der

Allzuständigkeit des Rates

Ausnahmen vom Grundsatz der Allzuständigkeit:

1. Gesetzliche Zuweisung des Entscheidungsrechts durch die Gemeindeordnung, § 41 I 1, 2. Halbsatz GO
   Bsp.: § 62 III GO i.V.m. § 54 II, III GO; § 37 GO; § 73 III GO

2. Übertragung des Entscheidungsrechts auf Ausschüsse oder den Bürgermeister, § 41 II GO

   Ausn.: Nicht übertragbare Entscheidungen:
   - Katalog des § 41 I 2 Buchstabe a-u GO
     = Entscheidungen, die wegen ihrer Bedeutung dem Rat vorbehalten sind
   - sonstige zwingende gesetzliche Entscheidungszuweisungen an den Rat
     Bsp.: §§ 29 III, 30 V, 32 II 2, 51 III 2 GO

3. Fiktion ("gelten") der Übertragung der Geschäfte der laufenden Verwaltung auf den Bürgermeister, § 41 III GO

   Einschränkung: Rückholrecht des Rates (§ 41 III 2. Halbsatz GO) für
   - einen bestimmten Kreis von Geschäften
   - einen Einzelfall

   Kriterien für ein Geschäft der laufenden Verwaltung:
   - Regelmäßigkeit
   - keine besondere Bedeutung
   - feststehende Erledigungsgrundsätze

Einberufung des Rates, § 47 GO

1. nach einer Neuwahl

Einberufung durch den **bisherigen Bürgermeister**, § 47 I 1 GO

BEACHTE: Die erste Sitzung nach der Neuwahl muss innerhalb von sechs Wochen stattfinden, § 47 I 2 GO.

2. innerhalb einer Wahlperiode

Einberufung durch den **amtierenden Bürgermeister**, § 47 I 1 GO

Häufigkeit:
- Der Rat tritt zusammen, so oft es die **Geschäftslage** erfordert, § 47 I 3 GO. Die Entscheidung darüber trifft der Bürgermeister nach pflichtgemäßem Ermessen.
  Gemäß § 47 I 3 GO soll er **wenigstens alle zwei Monate** einberufen werden.

- Kommt der Bürgermeister seiner Verpflichtung zur Einberufung nicht nach, so veranlasst die Aufsichtsbehörde die Einberufung, § 47 III GO.
  Beschlüsse, die in einer verspätet einberufenen Sitzung getroffen werden, sind uneingeschränkt wirksam.

- Der Rat <u>ist</u> unverzüglich einzuberufen (=kein Ermessen), wenn
  a) ein Fünftel der Ratsmitglieder oder
  b) eine Fraktion (vgl. § 56 I 1 GO)
  unter Angabe der zur Beratung zu stellenden Gegenstände dies verlangen, § 47 I 4 GO.
  Begründung für die Regelung: Minderheitenschutz

BEACHTE:
- In der Gemeindeordnung ist nicht geregelt, wer für die Einberufung des Rates zuständig ist, falls der Bürgermeister verhindert ist (fehlende Vertretungsregelung). Vertretungsberechtigt ist wohl der allgemeine Vertreter (ein Beigeordneter - vgl. § 68 I GO), da die ehrenamtlichen Vertreter gem. § 67 I 2 GO den Bürgermeister nur bei der Leitung der Ratssitzungen und bei der Repräsentation vertreten.

- Zeit und Ort der Sitzung sind vom Bürgermeister öffentlich bekanntzumachen, § 48 I 4 GO. **Unterbleibt die öffentliche Bekanntmachung**, so ist dies ein schwerwiegender Verfahrensfehler, der zur **Unwirksamkeit der** in der Sitzung gefassten **Beschlüsse** führt.

Tagesordnung, § 48 I GO

Funktion
1. Festsetzung der Beratungspunkte einer Ratssitzung
2. Information der Ratsmitglieder
3. Information der interessierten Öffentlichkeit

Festsetzung durch den Bürgermeister, § 48 I 1 GO

Inhaltlich ist der Bürgermeister bei der Festsetzung grundsätzlich frei.

Ausn.:
- Verpflichtung zur Aufnahme von Vorschlägen in die Tagesordnung, die ihm
  - ▶ ein Fünftel der Ratsmitglieder oder
  - ▶ eine Fraktion

  innerhalb einer in der Geschäftsordnung bestimmten Frist vorlegen, § 48 I 2 GO.

  BEACHTE: Der Bürgermeister ist nicht berechtigt, Vorschläge abzulehnen, deren Beratung bzw. Beschlussfassung er für rechtswidrig hält. Er ist vielmehr verpflichtet, fristgerecht eingereichte Vorschläge **ohne inhaltliche Vorprüfung** in die Tagesordnung aufzunehmen.

- zwingende Tagesordnungspunkte, z.B. §§ 54 I 3, III 2; 60 I 3 GO

Erweiterung während einer Sitzung

Grundsätzlich ist der Rat an die vom Bürgermeister festgesetzte Tages- ordnung gebunden.

Ausn.: Die Tagesordnung kann gemäß § 48 I 5 GO in der Sitzung durch Beschluss des Rates erweitert werden, wenn es sich um eine Angelegenheit handelt, die
- keinen Aufschub duldet, d.h. ihre Entscheidung unter Berücksichtigung der einzuhaltenden Ladungsfrist nicht bis zur nächsten Sitzung aufgeschoben werden kann, ohne dass Nachteile eintreten, die nicht wieder rückgängig gemacht werden können
  oder
- von äußerster Dringlichkeit ist. Dies ist der Fall, wenn eine sofortige Entscheidung geboten ist.

Ob eine Eilbedürftigkeit im o.g. Sinne vorliegt, ist gerichtlich voll nachprüfbar.

Tagesordnung, § 48 I GO
- Fortsetzung -

Bestimmtheit

Die einzelnen Punkte der Tagesordnung müssen so bezeichnet sein, dass daraus erkennbar wird, über welche **konkrete Angelegenheit** beraten werden soll.

BEACHTE: Dies gilt auch für solche Punkte, über die später in nichtöffentlicher Sitzung beraten und entschieden wird.

Bekanntmachung

Die Tagesordnung ist vom Bürgermeister öffentlich bekanntzumachen, § 48 I 4 GO.
Unterbleibt die öffentliche Bekanntmachung, so ist dies ein schwerwiegender Verfahrensfehler, der zur **Unwirksamkeit der** in der Sitzung gefassten **Beschlüsse** führt.

Sitzungsleitung, § 51 I GO

Die Ratssitzungen werden vom Bürgermeister

eröffnet

Ist weder der Bürgermeister noch einer seiner ehrenamtlichen Stellvertreter (vgl. § 67 I 2 GO) anwesend, kann die Sitzung nicht wirksam eröffnet werden. Insbesondere der Altersvorsitzende ist mangels gesetzlicher Grundlage nicht berechtigt, eine Sitzung zu eröffnen und zu leiten (vgl. § 67 V GO).

geleitet

Die Geschäftsführung und damit die Leitung der Sitzungen wird gemäß § 47 II GO durch die Geschäftsordnung näher geregelt.

Zur Verhandlungsleitung gehört u.a.

- die Handhabung des Rederechts
- die Entgegennahme von Anträgen
- der Aufruf der Tagesordnungspunkte
- die Leitung der Aussprache und der Abstimmung
- die Beachtung der Einhaltung der Geschäftsordnung
- die Entscheidung über die Auslegung der Geschäftsordnung

geschlossen

Grundsätzlich steht dem Bürgermeister ein eigenständiges Recht zu, die Sitzung zu schließen oder zu vertagen. Er kann daher auch gegen den Willen der Mehrheit der Ratsmitglieder die Sitzung wirksam schließen.

BEACHTE: Eine einmal geschlossene Sitzung kann weder durch den Bürgermeister noch durch Beschluss wieder eröffnet werden; die einzig verbleibende Möglichkeit ist die erneute Einberufung des Rates.

BEACHTE:
- Beschlüsse, die ohne ausdrückliche Eröffnung bzw. nach Beendigung der Sitzung gefasst werden, sind unwirksam.
- Fehlt es an einer ordnungsgemäßen Sitzungsleitung, so sind die getroffenen Beschlüsse rechtswidrig.

Einhaltung der Geschäftsordnung

Die (verpflichtende) Geschäftsordnung beinhaltet Verfahrensvorschriften (z.B. zum Ablauf von Sitzungen des Rates, der Ausschüsse sowie der Bezirksvertretungen). Die Verabschiedung und die Änderung der Geschäftsordnung erfolgt durch Ratsbeschluss mit einfacher Mehrheit.

Inhalt

Mindestinhalt: Die Geschäftsordnung muss Regelungen enthalten über

- die Ladungsfrist, die Form der Einberufung und die Geschäftsführung des Rates, § 47 II 1 GO
- den Inhalt und Umfang des Fragerechts, § 47 II 2 GO
  BEACHTE: Ein völliger Ausschluss des Fragerechts ist unzulässig.
- die Frist zur Aufnahme von Vorschlägen in die Tagesordnung, § 48 I 2 GO
- den Ausschluss der Öffentlichkeit für Angelegenheiten einer bestimmten Art, z.B. Personalangelegenheiten, § 48 II 2 GO
- die Teilnahme an nichtöffentlichen Sitzungen, §§ 36 VI 3, 48 IV 1, 58 I 4 GO
- die in §§ 36 V 2; 56 IV 2 u. 3; 50 I 4; 51 II 1; 57 IV 2 GO geregelten Fälle.

freiwilliger Inhalt: Die Geschäftsordnung kann über den gesetzlich geregelten Mindestinhalt hinaus weitere Regelungen enthalten, soweit diese nicht gegen höherrangiges Recht verstoßen. Auch eine bloße Wiederholung von Vorschriften der GO aus Gründen der Klarstellung ist zulässig.

Rechtsfolgen bei einem Verstoß gegen die Geschäftsordnung

Grundsätzlich stellen Verstöße gegen die Geschäftsordnung einen Verfahrensfehler dar.
Ist dieser Verfahrensfehler <u>wesentlich</u>, führt er zur Rechtswidrigkeit des Ratsbeschlusses.
Ein wesentlicher Verfahrensfehler liegt vor, wenn die verletzte Vorschrift nicht lediglich eine reine Ordnungsvorschrift ist, sondern subjektive, d.h. dem Ratsmitglied zustehende, Innen- oder Außenrechte gewährt.

Rechtsschutz der Ratsmitglieder

Ratsmitglieder können gegen Regelungen der Geschäftsordnung sowie gegen Verstöße gegen die Geschäftsordnung im Kommunalverfassungsstreitverfahren vorgehen.

Mitwirkungsverbot,
§ 43 II GO i.V.m. § 31 GO, § 50 VI GO

Die **Voraussetzungen für ein Mitwirkungsverbot** liegen vor, wenn die Entscheidung einer Angelegenheit

1. a) gemäß § 31 I GO
   - dem Ratsmitglied selbst
   - einem seiner Angehörigen (Definition in § 31 V GO)
   - oder einer von ihm kraft Gesetzes oder Vollmacht vertretenen natürlichen oder juristischen Person
   b) gemäß § 31 II Nr. 1 und 2 GO
   - dem Arbeitgeber/Dienstherrn des Ratsmitgliedes

2. einen **unmittelbaren Vor- oder Nachteil** bringen **kann**.
   - **Vor- oder Nachteil: Keine** Beschränkung auf rein wirtschaftliche Vor- oder Nachteile. Erfasst werden auch rechtliche, wissenschaftliche, ethische oder sonstige Interessen wie Ansehen und Ehre.
   Durch diese weite Auslegung soll bereits der bloße Anschein einer unzulässigen Beeinflussung der Entscheidung verhindert werden.
   - **Möglichkeit („kann") (+)**, wenn eine **reale Möglichkeit** vorliegt, die den Eintritt eines Vor- oder Nachteils mit einer gewissen Wahrscheinlichkeit erwarten lässt. Ausgeschlossen werden soll dadurch eine rein theoretisch bestehende Möglichkeit, deren Eintritt eher unwahrscheinlich ist.
   - **Unmittelbarkeit (+)**, wenn die Entscheidung eine natürliche oder juristische Person direkt berührt (§ 31 I 2 GO), d.h. der Vor- oder Nachteil darf **nicht** erst durch ein **weiteres Handeln**, das der **freiwilligen Entscheidung** einer **anderen Person** obliegt, eintreten.

BEACHTE: Gemäß § 31 II Nr. 3 GO besteht ein Mitwirkungsverbot auch dann, wenn der Betreffende in anderer als öffentlicher Eigenschaft (d.h. nicht als z.B. Richter, Notar oder Beamter, sondern z.B. als Anwalt, Steuerberater oder Makler) in der Angelegenheit ein Gutachten abgegeben hat oder sonst tätig geworden ist. Auf die Möglichkeit eines Vor- oder Nachteils kommt es dabei **nicht** an.

Ausnahmen vom Mitwirkungsverbot, § 31 III Nr. 1 – 5 GO

Die Mitwirkung des Betroffenen ist in diesen Fällen - insbesondere wenn ein bloßes **Gruppeninteresse** betroffen ist - aus übergeordneten Gesichtspunkten ausdrücklich zugelassen, obwohl ein Interessenkonflikt vorliegt, der eigentlich zu einem Mitwirkungsverbot führen müsste.

Beschlussfähigkeit des Rates, § 49 I GO

Der Rat ist gemäß § 49 I GO beschlussfähig, wenn

mehr als die Hälfte der gesetzlichen Mitgliederzahl	**anwesend ist**
■ Gemäß § 40 II 2 GO besteht der Rat aus den gewählten Ratsmitgliedern und dem Bürgermeister (Mitglied kraft Gesetzes). Die Zahl der gewählten Ratsmitglieder ergibt sich aus §§ 3 IV, 45 I 4 2. Halbsatz KWahlG.	= körperliche Anwesenheit im Sitzungssaal; auf den tatsächlichen Willen, an der Beratung oder Beschlussfassung mitzuwirken, kommt es nicht an. **aber:** Ein wegen eines Mitwirkungsverbotes nach § 31 GO ausgeschlossenes Mitglied zählt bei der Feststellung der Beschlussfähigkeit nicht mit.

Feststellung der Beschlussunfähigkeit, § 49 I 2 GO

Grds.: Der Rat gilt als beschlussfähig, <u>solange</u> seine Beschlussunfähigkeit nicht festgestellt ist.

Folge: Wird die Beschlussunfähigkeit im Verlauf der Sitzung festgestellt, so bleiben die bereits getroffenen Beschlüsse wirksam (vgl. Wortlaut des § 49 I 2 GO „solange").

Ausn.: Sobald allen anwesenden Ratsmitgliedern einschließlich des Bürgermeisters bewusst ist, dass die für die Beschlussfähigkeit vorgeschriebene gesetzliche Mitgliederzahl nicht anwesend ist, kann sich niemand mehr auf die Fiktion des § 49 I 2 GO berufen.

Begründung: § 49 I 2 GO will keine künstliche Beschlussfähigkeit erzeugen. Die Vorschrift soll vielmehr allein für den Fall, dass nachträglich Zweifel an der Beschlussfähigkeit und damit an der Rechtmäßigkeit eines Beschlusses erhoben werden, die Frage nach der Beschlussfähigkeit ohne schwierige Beweiserhebung beantworten, in dem die Beschlussfähigkeit unterstellt wird.

Folge: Wird die Beschlussunfähigkeit festgestellt, ist die Sitzung zu schließen und der Rat nach Maßgabe des § 49 II GO neu zu laden.

Beschlussfähigkeit des Rates, § 49 I GO
- Fortsetzung -

Beschlussfähigkeit nach erneuter Ladung, § 49 II GO

Ist eine Angelegenheit wegen Beschlussunfähigkeit zurückgestellt worden und wird der Rat zur Verhandlung über denselben Gegenstand einberufen, so ist er ohne Rücksicht auf die Zahl der Erschienen beschlussfähig.

Vorauss.: Die Ladung zur zweiten Sitzung weist ausdrücklich auf die Regelung des § 49 II GO hin.

BEACHTE:
- Ein dauerhaft beschlussunfähiger Rat kann unter den in § 125 GO näher genannten Voraussetzungen aufgelöst werden.
- Ratsmitglieder sind im Hinblick auf ihr Mandat jedoch grundsätzlich verpflichtet, an ordnungsgemäß einberufenen Sitzungen teilzunehmen.

Öffentlichkeit der Sitzung, § 48 II GO

Grundsatz: Die Sitzungen des Rates sind **öffentlich**, § 48 II GO.

Öffentlichkeit
= Recht für **jedermann**, an den Sitzungen des Rates **teilzunehmen**.

Einschränkungen:

- Der Grundsatz der Öffentlichkeit verlangt nur, dass grundsätzlich jeder interessierte Bürger an einer Sitzung teilnehmen kann. Fasst ein ausreichend großer Sitzungssaal nicht alle Interessenten, so müssen die vorhandenen Plätze unter Wahrung der Chancengleichheit z.B. durch Einlasskarten vergeben werden. Dabei darf der Zugang keinesfalls nur bestimmten Personengruppen (z.B. Pressevertretern) gewährt werden. Denn insbesondere die Möglichkeit der Unterrichtung durch die Medien ersetzt nicht die Teilnahme der Bürgerschaft an der Sitzung. Außerdem besteht hier die Gefahr einer einseitigen Unterrichtung. Ebenso ist der Ausschluss nur einer bestimmten Personengruppe nicht zulässig.

- Das Teilnahmerecht ist grundsätzlich auf eine **passive Teilnahme** als Zuschauer/Zuhörer beschränkt. Einer aktiven Teilnahme steht der Grundsatz der **repräsentativen** Demokratie (vgl. §§ 1, 40 GO) entgegen.

    Ausn.: Fragestunden für Einwohner, soweit die Geschäftsordnung diese zulässt (vgl. § 48 I 3 GO).

Ziel der Öffentlichkeit:

- Möglichkeit für die Bürger, die Arbeit des Rates zu verfolgen
  Und dadurch
- politische Willensbildung der Bürger

Rechtsfolgen eines Verstoßes gegen den Grundsatz der Öffentlichkeit:

Nichtigkeit der in der Sitzung gefassten **Beschlüsse**

BEACHTE: Die Nichtigkeitsfolge tritt unabhängig von der Frage ein, ob im Falle einer öffentlichen Sitzung andere Beschlüsse getroffen worden wären. Ein entsprechender Nachweis braucht daher nicht geführt zu werden.

Ausschluss der Öffentlichkeit, § 48 II 2 und 3 GO

Ausnahmsweise kann die Öffentlichkeit in den in § 48 II 2 und 3 GO genannten Fällen von der Teilnahme an einer Ratssitzung ausgeschlossen werden:

- für **Angelegenheiten einer bestimmten Art**
  durch die **Geschäftsordnung**, § 48 II 2 GO
  Bsp.: Personal- und Grundstücksgelegenheiten, Auftragsvergabe

- auf **Antrag** des Bürgermeisters oder eines Ratsmitgliedes
  für **einzelne bestimmte Angelegenheiten**
  durch **Ratsbeschluss**, § 48 II 3 GO

  BEACHTE:
  - Anträge und Vorschläge auf Ausschluss der Öffentlichkeit können in öffentlicher Sitzung gestellt und (ohne Beratung) entschieden werden.
    Die Beratung und Begründung von Anträgen und Vorschlägen auf Ausschluss der Öffentlichkeit muss dagegen in nichtöffentlicher Sitzung stattfinden, § 48 II 4 GO.

  - Wird dem Antrag oder Vorschlag stattgegeben, ist die Öffentlichkeit in geeigneter Weise darüber zu unterrichten, dass in nichtöffentlicher Sitzung weiterverhandelt wird, § 48 II 5 GO.

Abstimmung durch Beschluss, § 50 I, V GO

Beschlüsse werden gemäß § 50 I 1 GO mit Stimmenmehrheit gefasst, soweit das Gesetz nichts anderes vorschreibt.

- Stimmenmehrheit = einfache Mehrheit = mehr als die Hälfte der abgegebenen Stimmen

  BEACHTE: Enthaltungen und ungültige Stimmen zählen bei der Berechnung der Mehrheit nicht mit (§ 50 V GO).

- soweit das Gesetz nichts anderes vorschreibt:
  - Mehrheit der gesetzlichen Zahl der Mitglieder
    (z.B. in § 7 III 3 GO, § 71 VII 2 GO)
  - Mehrheit von 2/3 der gesetzlichen Anzahl der Ratsmitglieder
    (z.B. in § 66 I 2 GO)

BEACHTE:

- Bei Stimmengleichheit gilt ein Antrag als abgelehnt (§ 50 I 2 GO).
- Ausnahmen vom Grundsatz der einfachen Stimmenmehrheit sind nur durch Gesetz und nicht durch Satzung, Geschäftsordnung oder Ratsbeschluss möglich (vgl. den Wortlaut des § 50 I 1 GO „das Gesetz").
- Nur anwesende Ratsmitglieder können an einer Abstimmung teilnehmen. Ratsmitglieder können sich bei einer Abstimmung nicht gegenseitig vertreten.

Rechtsfolge bei Rechtswidrigkeit eines Ratsbeschlusses

Grundsatz: Rechtswidrige Ratsbeschlüsse sind **nichtig**.

Eine **Ausnahme** vom Grundsatz der Nichtigkeit besteht bei

1. **Unbeachtlichkeit** des Fehlers wegen
   a) **Fristablauf**, §§ 7 VI, 54 IV GO, § 215 BauGB
   b) **fehlender Entscheidungserheblichkeit** gemäß § 31 VI GO
   c) **kraft spezialgesetzlicher Regelung**, z.B. § 214 BauGB

2. **fehlender oder nicht ordnungsgemäßer Niederschrift**
   Begründung: Die Niederschrift hat lediglich Beweisfunktion. Ein Verstoß gegen § 52 I GO hat daher keine negativen Auswirkungen auf den Beschluss.

3. **unbeachtlichem Verstoß gegen Vorschriften der Geschäftsordnung**
   Ein beachtlicher Verstoß liegt nur dann vor, wenn die verletzte Vorschrift der Geschäftsordnung nicht lediglich eine reine Ordnungsvorschrift ist, sondern subjektive, d.h. dem Ratsmitglied zustehende Innen- oder Außenrechte gewährt.

4. **Beschluss mit unmittelbarer Außenwirkung = durch Verwaltungsakt**
   Rechtswidrige Verwaltungsakte sind grundsätzlich wirksam (vgl. § 43 III VwVfG). Der Beschluss ist ausnahmsweise nur dann nichtig, wenn ein Nichtigkeitsgrund (§ 44 VwVfG) vorliegt.

Rechtmäßigkeit einer Satzung

I. **Ermächtigungsgrundlage (= Satzungsbefugnis)**

1. **spezialgesetzliche Ermächtigung,**
   z.B. § 2 KAG; § 9 GO; §§ 10 I, 132 BauGB

   BEACHTE: Eine spezielle Ermächtigung ist insbesondere erforderlich, wenn die Gemeinde durch die Satzung in Eigentums- oder Freiheitsrechte eingreifen will (vgl. § 7 II GO, § 9 GO). Denn für diese besonderen Belastungen ist die allgemeine Ermächtigung in § 7 I 1 GO vor allem im Hinblick auf die Art und den Umfang des Eingriffs nicht bestimmt genug.

2. **Generalermächtigung, § 7 I GO**

   BEACHTE: Satzungen können verschiedene Regelungen enthalten, für die jeweils eigene Ermächtigungsgrundlagen ein- schlägig sind. Dann ist die Ermächtigungsgrundlage für jede einzelne Regelung getrennt zu ermitteln. Das gleiche gilt für die Prüfung der materiellen Rechtmäßigkeit; auch diese muss für jede Regelung getrennt erfolgen.

II. **formelle Rechtmäßigkeit**

1. **Zuständigkeit**

   a) **Verbandskompetenz** der Gemeinde
      - folgt aus der Satzungsautonomie (Art. 28 II 1 GG „...zu regeln.")

   b) **Organkompetenz**
      - ausschließliche Zuständigkeit des Rates (§ 41 I 2 f - h GO)

      BEACHTE: Nach h.M. können Satzungen auch im Wege einer Dringlichkeitsentscheidung nach § 60 I 1 bzw. 2 GO erlassen werden.
      Begründung: Dringlichkeitsentscheidungen sind nach dem Wortlaut des § 60 I 1 GO in Angelegenheiten, „die der Beschlussfassung des Rates unterliegen", möglich. Dazu zählt gemäß § 41 I 2 f - h GO auch der Erlass von Satzungen.

2. ordnungsgemäßer **Ratsbeschluss**, §§ 43ff GO
   (unter Beachtung von Spezialvorschriften wie z.B. § 7 III 3 GO)
3. **Form**
   - Schriftform mit Unterschrift des Bürgermeisters
   - ggfs. Verwendung von Mustersatzungen, § 133 III GO
     (z.B. für die Haushaltssatzung)
4. **Genehmigung** der Aufsichtsbehörde
   - nur erforderlich, **wenn gesetzlich ausdrücklich vorgeschrieben**, § 7 I 2 GO (z.B. in § 2 II KAG)
5. **Ausfertigung** und **öffentliche Bekanntmachung**,
   § 7 IV und V GO i.V.m. der Bekanntmachungsverordnung

III. materielle Rechtmäßigkeit

1. Vereinbarkeit der Ermächtigungsgrundlage mit höherrangigem Recht

   BEACHTE: Im Regelfall ist dieser Punkt unproblematisch und braucht nicht geprüft und damit auch nicht erwähnt zu werden.

2. **Tatbestandsvoraussetzungen der Ermächtigungsgrundlage**
   - im Falle der Generalermächtigung (§ 7 I 1 GO):
   „…ihre Angelegenheiten…" = Angelegenheiten der örtlichen Gemeinschaft = räumliche, sachliche und personelle Einschränkung auf die Gemeinde

3. fehlerfreie **Ermessensausübung** (Interessenabwägung), wenn der Gemeinde hinsichtlich des
   - Erlasses der Satzung (Frage nach dem „ob") bzw.
   - dem Inhalt der Satzung (Frage nach dem „wie")
   ein Ermessensspielraum zusteht

   insbesondere: **Verhältnismäßigkeit** der Satzung

4. Sind die **sonstigen Rechtmäßigkeitsanforderungen** erfüllt?
   a) Ist die Satzung **mit höherrangigem Recht vereinbar** (Grundgesetz, Landesverfassung, einfachen Gesetzen)?
   b) Ist die Satzung inhaltlich **hinreichend bestimmt** (Bestimmtheitsgrundsatz)?
   c) Kann die Satzung tatsächlich und rechtlich umgesetzt werden?

öffentliche Bekanntmachung

Grundlage

§ 7 IV 1 GO: „Satzungen sind öffentlich bekanntzumachen."

Verfahren und Form der Bekanntmachung

§ 7 V GO: **Grds.**: „Das Innenministerium bestimmt durch Rechtsverordnung, welche Verfahrens- und Formvorschriften bei der öffentlichen Bekanntmachung von Satzungen (...) einzuhalten sind, (...)." Aufgrund dieser Verordnungsermächtigung ist die **Bekanntmachungsverordnung** (BekanntmVO) erlassen worden.

Ausn.: Besondere Regelungen in anderen Gesetzen.

BEACHTE:
- Die Bestimmungen der BekanntmVO sind grds. zwingend. Bei Nichtbeachtung kann die Satzung nicht in Kraft treten.
- Die Bestimmungen der BekannmVO finden gemäß § 7 VII GO grundsätzlich auch bei den nach der GO oder anderen Rechtsvorschriften vorgeschriebenen sonstigen öffentlichen Bekanntmachungen sinngemäß Anwendung (Bsp.: Bekanntmachung von Zeit und Ort einer Ratssitzung sowie deren Tagesordnung, § 48 I 4 GO; Bekanntmachung der Haushaltssatzung, § 80 GO).

Bekanntmachungsverordnung

Verfahren vor der Bekanntmachung, § 2

Der Bürgermeister

- prüft, ob die vom Rat beschlossene Satzung

    a) ordnungsgemäß zustande gekommen ist (§ 2 I 1 BekanntmVO) und
    b) inhaltlich rechtmäßig ist (vgl. § 54 II GO)

- holt die gesetzlich vorgeschriebenen Genehmigungen ein (§ 2 I 2 BekanntmVO)

    BEACHTE: Wird die vorgeschriebene Genehmigung nur unter der Maßgabe einer Satzungsänderung erteilt, führt der Bürgermeister einen erneuten Ratsbeschluss herbei (sog. Beitrittsbeschluss - § 2 I 3 BekanntmVO). Ein solcher Beschluss ist nicht erforderlich, wenn sich die Maßgabe nur auf unwesentliche Punkte (z.b. Schreib- oder Rechenfehler) bezieht.

- bestätigt gemäß § 2 III BekanntmVO schriftlich,
    - dass der Wortlaut der Satzung mit den Ratsbeschlüssen übereinstimmt
    - dass nach § 2 I und II der BekanntmVO verfahren worden ist
- und ordnet die Bekanntmachung an (§ 2 III BekanntmVO)

    BEACHTE: Der Inhalt der Bekanntmachungsanordnung ergibt sich aus § 2 IV BekanntmVO.
    Sie ist vom Bürgermeister gemäß § 2 V BekanntmVO zu unterzeichnen.

Inhalt der Bekanntmachung, § 3

Satzung und Bekanntmachungsanordnung sind in vollem Wortlaut und in der nach § 4 BekanntmVO vorgeschriebenen Form öffentlich bekanntzumachen.

Bekanntmachungsverordnung
- Fortsetzung -

Formen der Bekanntmachung, § 4

Neben der **Bereitstellung im Internet** (§ 6 BekanntmVO) kann die Bekanntmachung erfolgen durch Veröffentlichung

im **Amtsblatt** Gemeinde	in sonstigen **Zeitungen**	per **Aushang** an der Bekanntmachungstafel
vgl. § 5 BekanntmVO	**Vorauss.:**	**Vorauss.:**
	■ Bestimmung als Bekanntmachungsorgan in der Hauptsatzung	■ Mindestdauer 1 Woche
	■ regelmäßiges Erscheinen, d.h. mind. 1x wöchentlich	■ Hinweis auf den Aushang durch das Amtsblatt/ die sonstigen Zeitungen oder das Internet

Die **Wahl der Bekanntmachungsform** steht im Ermessen der Gemeinde. Sie ist durch die Hauptsatzung festzulegen (§ 4 II BekanntmVO).

Vollzug der Bekanntmachung, § 7

Gemäß **§ 7 I** BekanntmVO mit Ablauf des Erscheinungstages des Amtsblattes oder der Zeitung. Sind mehrere Zeitungen bestimmt, so ist der Erscheinungstag der zuletzt erscheinenden Zeitung maßgeblich.
Erfolgt die öffentliche Bekanntmachung durch einen Aushang an der Bekanntmachungstafel, auf den im Amtsblatt, einer Zeitung oder dem Internet hingewiesen wird (§ 4 I Satz 1 Nr. 3 BekanntmVO), ist die öffentliche Bekanntmachung mit Ablauf des letzten Tages der Aushangfrist vollzogen.

Gemäß **§ 7 II** BekanntmVO mit Ablauf des Tages, an dem das digitalisierte Dokument im Internet verfügbar ist.

Inkrafttreten einer Satzung

Grundsatz

§ 7 IV 2 GO: mit dem Tage nach der Bekanntmachung
= am Tag nach dem Vollzug der Bekanntmachung
(vgl. § 6 BekanntmVO)

Ausnahme

Die Satzung legt einen anderen Zeitpunkt fest.

- Unproblematisch kann ein beliebiger Zeitpunkt **nach dem Tage der Bekanntmachung** für das Inkrafttreten festgelegt werden.
- Soll die Satzung **rückwirkend**, d.h. zu einem Zeitpunkt vor der Bekanntmachung, in Kraft treten, ist dies nur eingeschränkt zulässig. Dabei ist wie folgt zu unterscheiden:

Die Satzung enthält

belastende Regelungen	keine belastenden Regelungen
Grds.: Eine belastende Rückwirkung ist aus Gründen des Vertrauensschutzes **grds. nicht zulässig**. Der **Vertrauensschutz** ergibt sich aus dem Gebot der **Rechtssicherheit**, welches seine Grundlage im allg. **Rechtsstaatsprinzip** hat.	Die Rückwirkung begünstigender Regelungen ist rechtlich unproblematisch und **zulässig**.
Ausn.: Eine belastende Rückwirkung ist nur zulässig, wenn es a) kein Vertrauen gibt oder b) das Vertrauen nicht schutzwürdig ist.	

Nach der dazu entwickelten Rechtsprechung ist eine Rückwirkung belastender Regelungen demnach insbesondere zulässig, wenn

- in dem Zeitpunkt, auf den der Eintritt der Rechtsfolgen zurückbezogen wird, mit dieser Regelung bereits gerechnet werden musste.
- eine nichtige Regelung rückwirkend durch eine neue, rechtmäßige Regelung ersetzt wird.
- die bisherige Rechtslage unklar oder lückenhaft war.
- zwingende Gründe des Gemeinwohls, die mehr Gewicht haben als das Gebot der Rechtssicherheit, ein rückwirkendes Inkrafttreten erforderlich machen.

Rechtsfolge bei Rechtswidrigkeit einer Satzung

Grundsatz

Formell oder materiell rechtswidrige Satzungen sind **nichtig**.

Ausnahme

Die Nichtigkeitsfolge tritt ausnahmsweise nicht ein, wenn die Verletzung von Verfahrens- oder Formvorschriften wegen Zeitablaufs unbeachtlich ist (§ 7 VI GO). In diesem Ausnahmefall ist eine eigentlich rechtswidrige Satzung wirksam.

BEACHTE: Die Rechtswidrigkeit muss nicht zwingend zur Nichtigkeit der gesamten Satzung führen. Sind nur einzelne Regelungen rechtswidrig, so kommt in Anlehnung an § 139 BGB unter den folgenden Voraussetzungen auch eine **Teilnichtigkeit** in Betracht:

- Die rechtswidrige Regelung hat keine besondere Bedeutung.

  BEACHTE: Eine Regelung, die zum gesetzlich vorgeschriebenen Mindestinhalt der Satzung gehört, ist stets von Bedeutung. Fehlt sie oder ist sie selbst rechtswidrig, kommt eine Teilnichtigkeit nicht in Betracht. Die Satzung ist dann insgesamt nichtig.

- Die verbleibenden Bestandteile der Satzung sind für sich allein existenzfähig und ergeben eine sinnvolle Regelung.

Unbeachtlichkeit der Verletzung von Verfahrens- und Formvorschriften nach § 7 VI GO

Voraussetzungen des § 7 VI GO:

1. **Verletzung einer**
   a) **Verfahrensvorschrift** = Rechtsvorschrift, die der Rat beim Erlass von Satzungen, sonstigen ortsrechtlichen Bestimmungen sowie des Flächennutzungsplanes zu beachten hat.
   Bsp.:
   - Ausschluss befangener Ratsmitglieder
   - Beschlussfähigkeit des Rates
   - Grundsatz der Öffentlichkeit

   oder
   b) **Formvorschrift** = i.d.R. in der BekanntmVO geregelt.

2. **dieses Gesetzes** = der Gemeindeordnung (GO)
   Folge: Verfahrens- oder Formvorschriften, die nicht in der GO geregelt sind (z.B. § 30 OBG bei Erlass einer ordnungsbehördlichen Verordnung) sind immer beachtlich und führen im Falle ihrer Verletzung zur Nichtigkeit der Satzung/Verordnung.
   Aber: Trotz der Beschränkung auf Verfahrens- und Formvorschriften „dieses Gesetzes" erfasst § 7 VI GO nicht nur die in der GO selbst geregelten Vorschriften, sondern darüber hinaus auch die auf der Grundlage der GO erlassenen Rechtsverordnungen, insbesondere die BekanntmachungsVO.

3. **Geltendmachung der Verletzung gegen**
   a) **Satzungen**
   b) **sonstige ortsrechtliche Bestimmungen**
   (insbesondere ordnungsbehördliche Verordnungen)
   c) **Flächennutzungspläne**

4. **nach Ablauf eines Jahres seit der Verkündung**
   Verkündung = Vollzug der öff. Bekanntmachung (vgl. § 6 BekanntmVO)

5. **Hinweis auf die Rechtsfolgen des § 7 VI 1 GO**
   BEACHTE: Fehlt der Hinweis, können auch Verfahrens- und Formfehler, die grundsätzlich von § 7 VI GO erfasst werden, zeitlich unbegrenzt geltend gemacht werden.

Rechtsfolge: Die Satzung bleibt trotz ihrer formellen Rechtswidrigkeit wirksam. Innerhalb der Jahresfrist des § 7 VI 1 GO ist die Satzung schwebend wirksam; danach bleibt sie zwar rechtswidrig (keine Heilung), wird aber aus Gründen der Rechtssicherheit endgültig wirksam.

inzidente Überprüfung der Rechtmäßigkeit einer Satzung im Rahmen einer Anfechtungsklage gegen den Vollzugsakt

KLAGE

I. ZULÄSSIGKEIT der **KLAGE**

II. BEGRÜNDETHEIT der **KLAGE**
Die Klage ist begründet, wenn der Vollzugsakt (i.d.R. ein VA) rechtswidrig und der Kläger dadurch in seinen Rechten verletzt ist (§ 113 I 1 VwGO).

VERWALTUNGSAKT

1. ERMÄCHTIGUNGSGRUNDLAGE des <u>VA</u> = die SATZUNG
2. FORMELLE RECHTMÄßIGKEIT des <u>VA</u>
3. MATERIELLE RECHTMÄßIGKEIT des <u>VA</u>
   a) Wirksamkeit der Satzung als Ermächtigungsgrundlage

   SATZUNG
   aa) ERMÄCHTIGUNGSGRUNDLAGE der <u>SATZUNG</u> (=Satzungsbefugnis)
   bb) FORMELLE RECHTMÄßIGKEIT der <u>SATZUNG</u>
   cc) MATERIELLE RECHTMÄßIGKEIT der <u>SATZUNG</u>

   b) Vereinbarkeit des <u>VA</u> mit den Voraussetzungen der Ermächtigungsgrundlage (=der Satzung)
   c) Beurteilungs-/Ermessensspielraum (Verhältnismäßigkeit)
   d) besondere materielle Anforderungen an den <u>VA</u>
   Bsp.: ▪ Nebenbestimmungen, § 36 VwVfG
   ▪ Rücknahme und Widerruf, §§ 48, 49 VwVfG
   ▪ Wiederaufgreifen des Verfahrens, § 51 VwVfG
   ▪ Zusicherung, § 38 VwVfG
   e) allgemeine Rechtmäßigkeitsanforderungen an den <u>VA</u>
   aa) kein Verstoß des VA gegen ein Gesetz, insbesondere Grundrechte (**Vorrang des Gesetzes**)
   bb) Ist die getroffene Regelung inhaltlich hinreichend bestimmt (**Bestimmtheitsgrundsatz**, § 37 I VwVfG)?
   cc) Kann die getroffene Regelung tatsächlich und rechtlich umgesetzt werden?

6. Aufsicht

Aufsicht

Art und Umfang der staatlichen Aufsicht sind abhängig von den Aufgaben der Gemeinden:

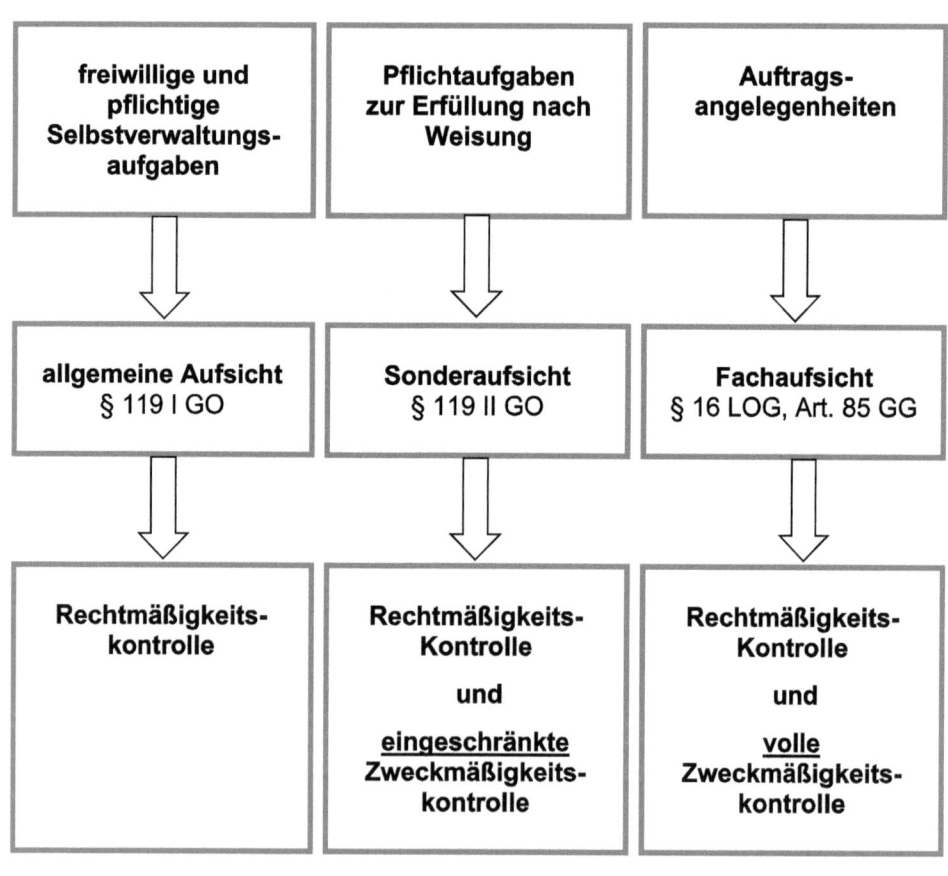

Aufgaben der Gemeinden

Selbstverwaltungsaufgaben

freiwillige

Die Gemeinden entscheiden nach freiem Ermessen über das „Ob" und das „Wie" der Aufgabenwahrnehmung.

Bsp.: Einrichtungen der Daseinsvorsorge (Kultur, Sport)

pflichtige

Die Gemeinden sind gesetzlich zur Wahrnehmung der Aufgaben verpflichtet (vgl. § 3 I GO). Über das „Wie" der Aufgabenerfüllung können sie hingegen frei entscheiden.

Bsp.: Bau von Gemeindestraßen (§ 47 StrWG)

Pflichtaufgaben zur Erfüllung nach Weisung

Die Gemeinden sind zur Wahrnehmung der Aufgaben gesetzlich verpflichtet (Pflichtaufgaben).
Zusätzlich ist durch das **staatliche Weisungsrecht** die Entscheidung über das „Wie" der Aufgabenerfüllung eingeschränkt (vgl. § 3 II GO).

Bsp.: Gefahrenabwehr durch Ordnungsbehörden (vgl. §§ 3, 9 OBG)

Den Gemeinden muss ein **weisungsfreier Spielraum** verbleiben, d.h. das Weisungsrecht des Staates ist im Gegensatz zu den Auftragsangelegenheiten eingeschränkt.

Auftragsangelegenheiten

Die Gemeinden können weder über das „Ob" noch über das „Wie" der Aufgabenwahrnehmung frei entscheiden. Sie erfüllen im Auftrag des Staates (Bund/Land) dessen Aufgaben.

Aufgabenkreis nach Größe der Gemeinden

kreisangehörige Gemeinden		
Kleine kreisangehörige Gemeinden	**Mittlere kreisangehörige Städte**	**Große kreisangehörige Städte**
= kreisangehörige Gemeinden mit bis zu 20.000 Einwohnern	= kreisangehörige Gemeinden mit mehr als 20.000 Einwohnern (§ 4 II GO)	= kreisangehörige Gemeinden mit mehr als 50.000 Einwohnern (§ 4 III GO)
Aufgabenkreis:	**Aufgabenkreis:**	**Aufgabenkreis:**
■ freiwillige Selbstverwaltungsaufgaben ■ pflichtige Selbstverwaltungsaufgaben (§ 3 I GO) ■ Pflichtaufgaben zur Erfüllung nach Weisung (§ 3 II GO) ■ Auftragsangelegenheiten	■ alle Aufgaben der kleinen kreisangehörigen Gemeinden + zusätzliche durch Gesetz/RVO gemäß § 4 I GO übertragene Aufgaben	■ alle Aufgaben der mittleren kreisangehörigen Städte + zusätzliche durch Gesetz/RVO gemäß § 4 I GO übertragene Aufgaben

BEACHTE die in § 4 II – V GO geregelten Möglichkeiten, die Zuordnung auf Antrag zu ändern.
Über die entsprechenden Anträge entscheidet nach § 4 VI GO das für Inneres zuständige Ministerium.

---

kreisfreie Gemeinden

= kreisfreie Städte
(vgl. §§ 35ff GO)

Aufgabenkreis:

■ alle Aufgaben der kreisangehörigen Gemeinden
+ Aufgaben der Kreise (kreisfreie Städte stehen den Kreisen gleich)

allgemeine Aufsicht, § 119 I GO

Gegenstand der allgemeinen Aufsicht
freiwillige und pflichtige Selbstverwaltungsaufgaben

Zuständigkeit
a) für kreisangehörige Gemeinden: Landrat als untere staatliche Verwaltungsbehörde (§ 120 I GO)
b) für kreisfreie Städte: Bezirksregierung (§ 120 II GO)

Umfang
a) repressive Aufsicht: Rechtmäßigkeitskontrolle
b) präventive Aufsicht: Rechtmäßigkeitskontrolle

BEACHTE: Steht der allgemeinen präventiven Aufsicht das Recht zu, Genehmigungen zu erteilen (sog. Genehmigungsvorbehalte, z.B. in §§ 14 III, 76 II 2, 86 III GO, § 2 II KAG), hat sie primär die Gesetzmäßigkeit des Handelns der Gemeinden zu prüfen (reine Rechtskontrolle).
Ist das Handeln rechtmäßig, ist die Aufsicht grundsätzlich verpflichtet, die Genehmigung zu erteilen (gebundene Entscheidung).
Ausn.: Berührt das Handeln der Gemeinde ausnahmsweise auch überörtliche staatliche Interessen, steht die Genehmigung im Ermessen des Staates. Dann kann neben der Rechtmäßigkeitskontrolle im Rahmen der Ermessensausübung ausnahmsweise auch eine Zweckmäßigkeitskontrolle erfolgen (sog. **Kondominium**).

Aufsichtsmittel
a) repressive Aufsicht: §§ 121 – 125 GO
b) präventive Aufsicht:
    aa) Unterrichtungsrecht (§ 121 GO) – kann sowohl als präventives als auch repressives Mittel der Aufsicht eingesetzt werden.
    bb) Anzeigepflichten der Gemeinde
    cc) Genehmigungsvorbehalte

allgemeine Aufsicht, § 119 I GO
- Fortsetzung -

Rechtsschutz

a) repressive Aufsicht: **Anfechtungsklage**
   Ausn.: Der Bürgermeister kann im Falle des § 122 I GO nicht gegen die Anweisung zur Beanstandung vorgehen, da er als Organ der Aufsichtsbehörde tätig wird (Fall der Organleihe) und die Anweisung damit ihm gegenüber keine Außenwirkung entfaltet.

   BEACHTE: Die Durchführung eines Vorverfahrens ist gemäß § 126 GO entbehrlich.

b) präventive Aufsicht
   aa) **Widerspruch** (Die Entbehrlichkeit eines Vorverfahrens nach § 126 GO gilt nur für repressive und damit nicht auch für präventive Maßnahmen der Aufsichtsbehörde)
   BEACHTE aber § 110 JustizG NRW
   bb) **Verpflichtungsklage** z.B. auf Erteilung der begehrten Genehmigung

Mittel der repressiven allgemeinen Aufsicht

Zunahme der Eingriffsintensität

§ 121 GO
Unterrichtungsrecht

§ 122 GO
Beanstandungs- und Aufhebungsrecht

§ 123 GO
Anordnungsrecht und Ersatzvornahme

§ 124 GO
Bestellung eines Beauftragten

§ 125 GO
Auflösung des Rates

Unterrichtungsrecht, § 121 GO

Zweck
ordnungsgemäße Durchführung der Aufsicht

Pflicht zur Unterrichtung

Grundsatz: auf Verlangen der Aufsichtsbehörde

Ausnahme: Die Gemeinde ist von sich aus, d.h. unaufgefordert, zur Unterrichtung (Anzeige) verpflichtet (Bsp.: §§ 80 V 1, 96 II GO).

BEACHTE: Die Pflicht zur Unterrichtung obliegt dem Bürgermeister.

Rechtsschutz

Das Auskunftsverlangen der Aufsichtsbehörde ist ein Verwaltungsakt i.S.d. § 35 VwVfG.

Folge: Will die Gemeinde gegen ein ihrer Ansicht nach rechtswidriges Auskunftsverlangen vorgehen, muss sie direkt **Anfechtungsklage** erheben; ein Vorverfahren ist gemäß § 126 GO entbehrlich.

Beanstandungs- und Aufhebungsrecht, § 122 GO

§ 122 I GO
rechtswidrige Rats- und Ausschussbeschlüsse

Verfahren:

1. **Beanstandung durch den Bürgermeister**
   a) auf eigene Initiative
   b) auf Anweisung der Aufsichtsbehörde (§ 122 I 1 GO)

   BEACHTE:
   - Gegen die Anweisung kann der Bürgermeister kein Rechtsmittel einlegen, da er als Organ der Aufsichtsbehörde in Anspruch genommen wird (Fall der Organleihe) und die Anweisung damit ihm gegenüber keine Außenwirkung entfaltet.
   - Weigert sich der Bürgermeister, die Beanstandung vorzunehmen, kann sie die Aufsichtsbehörde analog §§ 122, 123 GO selbst vornehmen.
   - Die Beanstandung hat **aufschiebende Wirkung** (§§ 122 I 1 i.V.m. 54 II 2 GO), d.h. die Ausführung des Rats- bzw. Ausschussbeschlusses (vgl. § 54 III 1 GO) ist gehemmt.
   - Die Beanstandung ist nach h.M. **kein Verwaltungsakt**, da sie als unselbständiger Teil des Aufhebungs- verfahrens nur das Ziel hat, dass sich der Rat nochmals mit der Angelegenheit befasst (vgl. § 122 I 2 GO). Die Gemeinde kann daher erst gegen die Aufhebungsverfügung klagen.

2. **Erneute Beratung im Rat/Ausschuss (§ 122 I 2 GO)**

3. **Aufhebung des Beschlusses**
   a) durch den Rat/Ausschuss selbst
   b) durch die Aufsichtsbehörde

   BEACHTE: Hält ein Ausschuss nach erneuter Beratung an seiner rechtswidrigen Entscheidung fest, hat vor einer Aufhebung durch die Aufsichtsbehörde zunächst der Rat nochmals über die Angelegenheit zu beschließen (vgl. § 54 III 2 GO).

Beanstandungs- und Aufhebungsrecht, § 122 GO
- Fortsetzung -

§ 122 II GO
rechtswidrige Anordnungen des Bürgermeisters

Verfahren:

1. **Beanstandung durch die Aufsichtsbehörde beim Rat** (§ 122 II 1 GO)

   BEACHTE:
   - Die Beanstandung ist dem Rat schriftlich in Form einer begründeten Darlegung mitzuteilen (§ 122 II 2 GO).
   - Die Beanstandung hat aufschiebende Wirkung (§ 122 II 3 GO).

2. **Aufhebung der Anordnung**
   a) durch den Rat
   b) durch die Aufsichtsbehörde, falls der Rat die Anordnung des Bürgermeisters trotz der Beanstandung billigt (vgl. § 122 II 4).

   BEACHTE: Adressat der Aufhebungsverfügung ist der Bürgermeister. Dieser kann gegen die Verfügung klagen.

---

zeitliche Grenze der Aufhebung
- gilt für Beschlüsse (§ 122 I GO) und Anordnungen (§ 122 II GO) -

Grundsatz: Die Aufhebung eines Beschlusses/einer Anordnung ist nicht mehr möglich, wenn er/sie bereits ausgeführt worden ist.

Ausnahme: a) Die Rückgängigmachung ist rechtlich und tatsächlich noch möglich.
b) Die Aufhebung hat grundsätzliche oder klärende Bedeutung.

   aber: Bereits entstandene Verpflichtungen gegenüber Dritten bleiben von der Aufhebung unberührt.

BEACHTE: Weigert sich die Gemeinde, den Beschluss/die Anordnung rückgängig zu machen, kann die Aufsichtsbehörde dies im Wege der Ersatzvornahme (§ 123 II GO) erzwingen.

Anordnungsrecht, § 123 I GO

Voraussetzung:
Die Gemeinde erfüllt die ihr kraft Gesetzes obliegenden Pflichten und Aufgaben nicht.

- kraft Gesetzes obliegende Pflichten = alle (unmittelbar) auf einer gültigen Rechtsnorm beruhenden (=Muss-Vorschrift) oder (mittelbar) von ihr ausgehenden öffentlich-rechtlichen Verpflichtungen.
  BEACHTE: Die Verpflichtung muss nicht unmittelbar aus der Rechtsnorm folgen, sondern kann auch durch einen Dritten ausgesprochen werden, wenn dieser dazu gesetzlich befugt ist.
- Neben den Verpflichtungen im Außenverhältnis, d.h. gegenüber Dritten, erfasst § 120 I GO auch interne Aufgaben der Gemeinde (z.B. den Erlass von Pflichtsatzungen).
- Eine öffentlich-rechtliche Verpflichtung kann auch in privatrechtlicher Form erfüllt werden (Bsp.: Benutzungsverhältnis einer öff. Einrichtung).

formelle Voraussetzungen einer wirksamen Anordnung:
(teils von der Rechtsprechung entwickelt)

1. Schriftform
2. genaue Bezeichnung der Pflicht oder Aufgabe
3. angemessene Fristsetzung = Die Gemeinde muss innerhalb der ihr gesetzten Frist tatsächlich in der Lage sein, der Anordnung nachzukommen.
4. ausdrücklicher Hinweis auf § 123 GO, insbesondere auf die Möglichkeit der Ersatzvornahme
   BEACHTE: Der Hinweis ist bei der Anordnung einer unvertretbaren (= nur von der Gemeinde durchführbaren) Maßnahme ausnahmsweise entbehrlich.
5. ausreichende Begründung in tatsächlicher und rechtlicher Hinsicht

Rechtsschutz
Die Anordnung ist ein belastender Verwaltungsakt, gegen den gemäß § 126 GO unmittelbar (d.h. ohne vorherigen Widerspruch) Anfechtungsklage erhoben werden kann.

Ersatzvornahme, § 123 II GO

a) Durchführung der Anordnung

- durch die Aufsichtsbehörde selbst (Regelfall) (Selbstvornahme)
- durch andere (Fremdvornahme)

b) an Stelle der Gemeinde

= die Aufsichtsbehörde oder der von ihr beauftragte Dritte haben die gleichen Befugnisse wie die Gemeinde, d.h. sie können z.B. für die Gemeinde rechtlich verbindliche Erklärungen abgeben. Dabei handeln sie nicht als Vertreter der Gemeinde, sondern im eigenen Namen für die Gemeinde.

c) auf deren Kosten

= die Gemeinde hat neben den Kosten für die Durchführung der Anordnung selbst auch die Kosten für die Tätigkeit der Aufsichtsbehörde zu übernehmen.

Rechtsschutz

der Gemeinde gegen die Ersatzvornahme

Im Verhältnis zur Gemeinde ist die Ersatzvornahme ein Verwaltungsakt, gegen den sie gemäß § 126 GO unmittelbar Anfechtungsklage erheben kann.

BEACHTE:
Ist die Anordnung bereits unanfechtbar, ist deren Rechtmäßigkeit zu unterstellen.
Die Klage ist dann auf Einwendungen gegen die Ersatzvornahme selbst beschränkt (Bsp.: Nichteinhaltung der Frist).

eines durch die Ersatzvornahme betroffenen Dritten

Für den betroffenen Dritten hat die Ersatzvornahme die Wirkung der Handlung, die ersetzt wird (z.B. ein Verwaltungsakt, eine Satzung). Danach richtet sich auch der zulässige Rechtsschutz (im Falle eines Verwaltungsaktes z.B. die Anfechtungsklage).

BEACHTE:
Richtiger Klagegegner ist nicht die Gemeinde, sondern die Aufsichtsbehörde, da sie an Stelle der Gemeinde handelt.

Sonderaufsicht, § 119 II GO

Gegenstand der Sonderaufsicht
Pflichtaufgaben zur Erfüllung nach Weisung (vgl. § 3 II GO)

Zuständigkeit
a) für kreisangehörige Gemeinden:
der Landrat als untere staatliche Verwaltungsbehörde (§ 120 I GO i.V.m. § 59 I KrO; Fall der Organleihe = der Landrat wird <u>nicht</u> als Organ des Kreises tätig.)
b) Für kreisfreie Städte fehlt eine allgemeine Zuständigkeitsregelung.
Folge: Die Bestimmung der Zuständigkeit erfolgt im Einzelfall durch das Gesetz, durch das auch die jeweilige Aufgabe übertragen wird (vgl. § 119 II GO).

Umfang
Rechtmäßigkeits- und **eingeschränkte** Zweckmäßigkeitskontrolle

Die Einschränkung der Zweckmäßigkeitskontrolle folgt aus dem Umstand, dass das Weisungsrecht i.d.R. begrenzt ist (vgl. § 3 II GO). Die staatliche Aufsicht ist daher nur in dem Umfang, in dem die Gemeinde verpflichtet ist, die Aufgabe nach staatlicher Weisung durchzuführen, befugt, die Zweckmäßigkeit der Aufgabenerledigung zu überprüfen.

absolute Grenze: Ein Eingriff in den Kernbereich der Selbstverwaltung ist unzulässig.

Aufsichtsmittel
a) Unterrichtungsrecht
b) Erteilung von Weisungen im gesetzlich vorgesehenen Umfang (vgl. § 119 II GO) in Form von
- allgemeinen Weisungen durch Verwaltungsvorschriften
- Einzelweisungen

BEACHTE: Die Durchsetzung einer Weisung erfolgt nach §§ 121 – 125 **i.V.m. § 127 GO**. Dies bedeutet, dass die Sonderaufsicht verpflichtet ist, die allgemeine Aufsichtsbehörde einzuschalten, wenn sie eine Weisung durchsetzen will. Dies dient dem Schutz der Gemeinden (vgl. § 11 GO).

Sonderaufsicht, § 119 II GO
- Fortsetzung -

Rechtsschutz

Problem: Sind Weisungen der Sonderaufsicht Verwaltungsakte?

Rechtsprechung.: Pflichtaufgaben zur Erfüllung nach Weisung sind wie Selbstverwaltungsaufgaben zu behandeln.

Folge: Weisungen der Sonderaufsicht haben gegenüber den Gemeinden Außenwirkung und sind damit Verwaltungsakte.
Statthafte Klageart gegen Weisungen der Sonderaufsicht ist daher die **Anfechtungsklage**.

BEACHTE: Ein **Vorverfahren ist erforderlich**, da § 126 GO nur für Maßnahmen der allgemeinen Aufsicht gilt.
BEACHTE aber § 110 JustizG NRW

Fachaufsicht, § 16 LOG, Art. 85 GG

Gegenstand der Fachaufsicht

Auftragsangelegenheiten

Zuständigkeit

Die Zuständigkeit richtet sich nach § 13 LOG
i.V.m. dem einschlägigen Spezialgesetz.

Umfang

Rechtmäßigkeits- und **volle** Zweckmäßigkeitskontrolle
(vgl. Art. 85 IV GG, § 13 I LOG))

Aufsichtsmittel

a) Unterrichtungsrecht
b) **unbeschränkte** Weisungsbefugnis

BEACHTE:
- Die Weisungsbefugnis bezieht sich ausschließlich auf die nach außen zu treffende Entscheidung. Sie bezieht sich hingegen nicht auf den Entscheidungsprozess selbst bzw. die für die Entscheidung erforderlichen Vorarbeiten. Die Organisations- und Personalhoheit der Gemeinden wird daher durch die staatliche Weisungsbefugnis nicht berührt.
- Die Durchsetzung einer Weisung erfolgt nach §§ 121 – 125 i.V.m. § 127 GO.
  Dies bedeutet, dass die Fachaufsicht verpflichtet ist, die allgemeine Aufsichtsbehörde einzuschalten, wenn sie eine Weisung durchsetzen will. Dies dient dem Schutz der Gemeinden (vgl. § 11 GO).

Rechtsschutz

Weisungen der Fachaufsicht sich nach h.M. mangels Außenwirkung keine Verwaltungsakte.

Als statthafte Klageart gegen eine Weisung kommt daher die **Leistungs- oder Feststellungsklage** mit der Begründung in Betracht, die Weisung der Fachaufsicht überschreite die Grenzen des Weisungsrechts und greife damit in das kommunale Selbstverwaltungsrecht ein.

Gemeindeorgane

Organe sind **natürliche Personen**, die **im Innenverhältnis für eine juristische Person handeln.**
Sie sind **keine Vertreter** (Außenverhältnis), sondern Bestandteil der juristischen Person (= der Gemeinde als Gebietskörperschaft).

---

unmittelbare Organe

leiten ihre **Befugnisse unmittelbar aus dem Gesetz** ab und sind keinem anderen Organ untergeordnet:

Rat

Seine <u>unmittelbaren</u> gesetzlichen Befugnisse ergeben sich u.a. aus §§ 40 II 1, 55, 58 I, 67 I, 68 I, 73 I GO.

Bürgermeister

Seine <u>unmittelbaren</u> gesetzlichen Befugnisse ergeben sich u.a. aus §§ 40 II, 47, 48 I, 51, 53 I, 54 I, 57 III, IV 2, 60 I 2, 71 VI GO.

Ausschüsse

soweit sich ihre Befugnisse <u>unmittelbar</u> aus dem Gesetz ergeben:

- Hauptausschuss (vgl. §§ 59 I, 60, 61 I GO)
- Finanzausschuss (vgl. § 59 II GO)
- Rechnungsprüfungsausschuss (vgl. § 59 III GO)

Standesbeamte

Ihre <u>unmittelbaren</u> gesetzlichen Befugnisse ergeben sich aus dem Personenstandsgesetz.

Betriebsleitung

Ihre <u>unmittelbaren</u> gesetzlichen Befugnisse ergeben sich aus § 114 II 1 i.V.m. § 3 I EigVO.

Gemeindeorgane
- Fortsetzung -

mittelbare Organe

leiten ihre **Befugnisse von einem anderen Organ** ab und sind diesem untergeordnet:

Ausschüsse

a) **Ausschüsse**, soweit sich deren Befugnisse <u>nicht</u> unmittelbar aus dem Gesetz ergeben.

b) **beschließende Ausschüsse**
Sie leiten ihre Befugnisse gemäß § 41 II GO vom Rat ab, d.h. sie entscheiden an Stelle des Rates.

Beigeordnete

Sie leiten ihre Befugnisse gemäß § 73 I GO vom Rat ab.

Fraktionen

sind **keine** Organe der Gemeinde, da
- ihr Handeln nicht der Gemeinde zuzurechnen ist und sie
- nicht unmittelbar an der Verwaltungstätigkeit mitwirken.

Rat

Ausgangspunkt:

Als juristische Personen des öff Rechts sind die Gemeinden zwar rechtsfähig, nicht aber handlungsfähig. **Handlungsfähig** werden sie erst **durch ihre Organe**.
In den Gemeinden muss das Volk gemäß **Art. 28 I 2 GG** zudem eine **gewählte Vertretung** haben.

⬇

§ 1 I 2 GO:
„Sie (die Gemeinden) fördern das Wohl der Einwohner (...) durch ihre **von der Bürgerschaft gewählten Organe**."
Dies sind

Rat (5. Teil der GO, §§ 40 - 61)	**Bürgermeister** (6. Teil der GO, §§ 62 - 69 GO)
■ vertritt die Bürgerschaft (§ 40 II 1 GO) ■ wird von den Bürgern gewählt (§ 42 I GO)	■ vertritt die Bürgerschaft (§ 40 II 1 GO) ■ wird von den Bürgern gewählt (§ 65 I GO)

Der Rat ist ein **reines Verwaltungsorgan** (vgl. § 40 I GO „Die Verwaltung der Gemeinde (...)") und **kein Parlament** i.S.d. Gewaltenteilungsprinzips. Dem steht nicht entgegen, dass die Gemeinde gemäß § 7 GO befugt ist, Satzungen zu erlassen und damit Recht zu setzen. Denn die Satzungsbefugnis ist Teil der Verwaltungsaufgaben und von diesen nicht zu trennen. Das Prinzip der Gewaltenteilung gilt daher im Gemeindeverfassungsrecht nicht.

Folge: Die Ratsmitglieder sind **keine Abgeordneten**.
    Sie genießen daher weder Immunität noch Indemnität (vgl. Art. 46 GG).
    Äußerungen in Ausübung ihres Mandats bleiben jedoch i.d.R. straffrei, da sie als Wahrnehmung berechtigter Interessen i.S.d. § 193 StGB gewertet werden.
    Ebenso besitzen sie kein Zeugnisverweigerungsrecht (vgl. Art. 47 GG).
    ABER: Der Grundsatz des freien Mandats gilt auch für Ratsmitglieder. Denn gemäß § 43 I GO sind sie verpflichtet, in ihrer Tätigkeit ausschließlich nach dem Gesetz und ihrer freien, nur durch Rücksicht auf das öffentliche Wohl bestimmten Überzeugung zu handeln; an Aufträge sind sie nicht gebunden.

Aufgaben des Rates

Willensbildung

Der Rat führt die unterschiedlichen Meinungen der durch die Ratsmitglieder repräsentierten Bürgerschaft mittels Abstimmungen und Wahlen zu einem einheitlichen Gemeindewillen zusammen und macht die Gemeinde so handlungsfähig.
Er entscheidet dabei im Rahmen der Zuständigkeit der Gemeinde (sog. Verbandskompetenz) über alle wichtigen und grundsätzlichen Angelegenheiten der Verwaltung (vgl. § 41 GO).
BEACHTE: Die Umsetzung des Willens erfolgt durch andere Organe, i.d.R. durch den Bürgermeister als Hauptverwaltungsbeamten.

Rechtsetzung

- in eigenen Angelegenheiten durch **Satzung** (vgl. § 7 GO)
- in staatlichen Angelegenheiten durch **Rechtsverordnung** (vgl. z.B. § 27 OBG)

Kontrolle der Verwaltung, § 55 GO

insbesondere § 55 III GO: „Der Rat überwacht die Durchführung seiner Beschlüsse (...) sowie den Ablauf der Verwaltungsangelegenheiten."

Kontrollmittel des Rates:

- Unterrichtungsrecht, §§ 55 I, 62 IV GO
- Recht auf Akteneinsicht, § 55 III, IV GO
- Stellungnahme des Bürgermeisters oder der Beigeordneten vor dem Rat, § 69 I GO

eigene Verwaltungstätigkeit des Rates

Ausnahmsweise kann der Rat selbst als Behörde tätig werden und eigene Verwaltungsakte erlassen, so z.B. bei

- der Festsetzung eines Ordnungsgeldes nach § 29 III GO
- der Abberufung eines Beigeordneten nach § 71 VII GO

Zuständigkeit des Rates

Die Zuständigkeit des Rates ergibt sich aus
§ 41 I 1. Halbsatz GO:

„Der Rat der Gemeinde ist für
alle Angelegenheiten der Gemeindeverwaltung zuständig, (...)."

Daraus folgt der Grundsatz der

Allzuständigkeit des Rates

Ausnahmen vom Grundsatz der Allzuständigkeit:

1. gesetzliche Zuweisung des Entscheidungsrechts an andere Organe, § 41 I 2. Halbsatz GO
   Bsp.: § 62 III GO i.V.m. § 54 II, III GO; § 37 GO

2. Übertragung des Entscheidungsrechts auf Ausschüsse oder den Bürgermeister, § 41 II GO

   Ausn.: nicht übertragbare Entscheidungen:
   - Katalog des § 41 I 2 Buchstabe a-u GO
     = Entscheidungen, die wegen ihrer Bedeutung dem Rat vorbehalten sind
   - sonstige zwingende gesetzliche Entscheidungszuweisungen an den Rat
     Bsp.: §§ 29 III, 30 VI 2, 32 II 2, 51 II, III 2 GO

3. Fiktion ("gelten") der Übertragung der Geschäfte der laufenden Verwaltung auf den Bürgermeister, § 41 III GO

   Einschränkung: Rückholrecht des Rates (§ 41 III 2. Halbsatz GO) für
   - einen bestimmten Kreis von Geschäften
   - einen Einzelfall

Kriterien für ein Geschäft der laufenden Verwaltung:

- Regelmäßigkeit
- keine besondere Bedeutung
- feststehende Erledigungsgrundsätze

Zusammensetzung des Rates

Der Rat besteht aus

dem Bürgermeister

Er ist gemäß § 40 II 2 GO kraft Gesetzes Mitglied des Rates.

Er führt den Vorsitz im Rat und hat bis auf die in § 40 II 6 GO genannten Ausnahmen im Rat Stimmrecht.

den Ratsmitgliedern

- Die Anzahl der Ratsmitglieder richtet sich gemäß § 42 I 2 GO i.V.m. § 3 II KWahlG nach der Bevölkerungszahl zum Zeitpunkt der Wahl (mindestens 20, höchstens 90 Vertreter).

- Die Gesamtzahl der Ratsmitglieder ist immer gerade (s. § 3 KWahlG).

Folge:
Da der Bürgermeister im Rat grds. Stimmrecht hat (§ 40 II 5 GO), ist bei Abstimmungen eine Pattsituation i.d.R. ausgeschlossen.

Wahl des Rates

Die Ratsmitglieder werden gemäß § 42 I 1 GO

von den Bürgern

Bürger ist, wer zu den Gemeindewahlen wahlberechtigt ist (§ 21 II GO).

Wahlberechtigt (aktives Wahlrecht) ist gemäß § 7 KWahlG, wer am Wahltag

- Deutscher i.S.d. Art. 116 I GG ist oder die Staatsangehörigkeit eines Mitgliedstaats der Europäischen Gemeinschaft besitzt,
- das 16. Lebensjahr vollendet hat und
- mindestens seit dem 16. Tag vor der Wahl in dem Wahlgebiet seine Wohnung, bei mehreren Wohnungen seine Hauptwohnung (§ 22 Bundesmeldegesetz) hat oder sich sonst gewöhnlich aufhält und keine Wohnung außerhalb des Wahlgebiets hat.

Ausn.: § 8 KWahlG (Ausschluss vom Wahlrecht)

in allgemeiner, unmittelbarer, freier, gleicher und geheimer Wahl

Wahlgrundsätze

- **allgemeine** Wahl
  Das aktive und passive Wahlrecht muss grds. jedem Gemeindemitglied zustehen; der Ausschluss bestimmter Bevölkerungsgruppen ist unzulässig. Formale Zulassungsbedingungen (vgl. § 7 KWahlG) sind hingegen zulässig.

- **unmittelbare** Wahl
  Die Wahl muss direkt durch die Wähler erfolgen. Eine mittelbare Wahl, z.B. über ein Wahlmännerkolleg, ist unzulässig.

- **freie** Wahl
  Der Wähler ist frei in der Auswahl der zu Wählenden und vor unzulässiger Wahlbeeinflussung zu schützen.

- **gleiche** Wahl
  Gleichbewertung der Stimmen gemäß Art. 3 I GG (gleicher Zählwert).

- **geheime** Wahl
  Die Wahl muss so erfolgen, dass es nicht möglich ist, die Entscheidung des Wählers zu erkennen bzw. später nachzuvollziehen.

Wahl des Rates
- Fortsetzung -

für die Dauer von 5 Jahren

BEACHTE § 42 II GO

Danach behält der Rat seine volle gesetzliche Zuständigkeit bis zum Zusammentritt des neugewählten Rates.

gewählt

Wählbarkeit

Wählbar (passives Wahlrecht) ist gemäß § 12 I KWahlG

- jede (aktiv) wahlberechtigte Person, die
- das 18. Lebensjahr vollendet hat und
- seit mindestens drei Monaten in dem Wahlgebiet ihre Wohnung, bei mehreren Wohnungen ihre Hauptwohnung hat oder sich sonst gewöhnlich im Wahlgebiet aufhält und keine Wohnung außerhalb des Wahlgebiets hat.

Ausn.: § 12 II KWahlG

BEACHTE: Ist eine Person wählbar, so kann sie aus den in § 13 KWahlG genannten Gründen gehindert sein, die Wahl anzunehmen, um Interessenkonflikte zu vermeiden.

Wahlverfahren, §§ 31ff KWahlG

1 Stimme pro Wähler

unmittelbare Wahl eines Vertreters im Wahlbezirk	 sowie	mittelbare Wahl eines Vertreters der Liste, die die Partei, auf die das Direktmandat entfällt, aufgestellt hat
= **Direktmandat** durch Mehrheitswahl, § 32 KWahlG		= **Listenmandat** durch Verhältniswahl, § 33 KWahlG

BEACHTE: Erzielt eine Partei mehr Direktmandate, als ihr Sitze nach dem Verhältnis der auf sie entfallenden Wählerstimmen zustehen (sog. Überhangmandate), so erfolgt gemäß § 33 III KWahlG ein Verhältnisausgleich.

Rechte der Ratsmitglieder

Rechte des einzelnen Ratsmitgliedes

Recht auf Ausübung des Mandats

Aus diesem in der GO zwar nicht ausdrücklich geregelten, aber zur Willensbildung (vgl. § 40 GO) zwingend erforderlichen Recht leiten sich folgende Mitwirkungsrechte ab:

- Recht auf Sitzungsteilnahme
- Rederecht
- Fragerecht
- Recht, Anträge zu stellen
- Abstimmungsrecht

BEACHTE: Eine Beschränkung dieser Rechte ist
    a) aufgrund einer gesetzlichen Ermächtigung (vgl. § 31 GO),
    b) durch die Geschäftsordnung (vgl. § 47 II 2 GO) möglich.

Recht auf Auskunft, § 55 I GO

Recht auf Akteneinsicht, § 55 V GO

Recht auf Freistellung, § 44 GO

Recht auf Entschädigung, § 45 GO

Recht eines fraktionslosen Ratsmitgliedes auf eine angemessene finanzielle Ausstattung zur Vorbereitung auf die Beratungen im Rat, § 56 III 5 GO

Rechte der Ratsmitglieder
- Fortsetzung -

Rechte einer Gruppe von Ratsmitgliedern

Recht auf Fraktionsbildung, § 56 GO

Auf der Grundlage des § 43 I GO (Recht des freien Mandats) steht es den Ratsmitgliedern frei, sich zu Fraktionen zusammenzuschließen (vgl. § 56 I 1 GO: „Fraktionen sind **freiwillige** Vereinigungen von Mitgliedern des Rates oder einer Bezirksvertretung.").

weitere Beispiele für Rechte einer Gruppe von Ratsmitgliedern:
- Recht auf Einberufung des Rates, § 47 I 4 GO
- Recht auf Aufnahme von Vorschlägen in die Tagesordnung, § 48 I 2 GO
- Recht auf Akteneinsicht, § 55 III, IV GO
- Recht, eine Stellungnahme des Bürgermeisters zu einem Tagesordnungspunkt zu verlangen, § 69 I 2 GO

Fraktionsbildung

Fraktionen sind freiwillige Vereinigungen
von Mitgliedern des Rates oder einer Bezirksvertretung (§ 56 I 1 GO)

Aufgabe

Fraktionen haben die Aufgabe, bei der Willensbildung und Entscheidungsfindung im Rat (vgl. § 56 II 1 GO) mitzuwirken.

Rechte

Den Fraktionen werden kraft Gesetzes (z.B. durch §§ 47 I 4; 48 I 2; 50 III 3; 55 IV; 58 II 4, V), durch Satzung oder durch die Geschäftsordnung (vgl. § 56 IV 2 GO) eigene Rechte i.S.d. § 42 II VwGO eingeräumt.

Folge: Fraktionen können gegen eine Rechtsverletzung klagen.

Fraktionsbildung

Die Bildung einer Fraktion erfolgt durch eine öffentlich-rechtliche Vereinbarung (Vertrag) zwischen Ratsmitgliedern.

BEACHTE:
- Eine Verpflichtung zum Fraktionsbeitritt besteht nicht.
- Die Fraktionsstärke beträgt im Rat einer kreisangehörigen Gemeinde mindestens 2, im Rat einer kreisfreien Stadt mindestens 3, in einer Bezirksvertretung mindestens 2 Mitglieder (§ 56 I 2 GO).

Fraktionsbildung
- Fortsetzung -

Rechtsnatur

im Außenverhältnis (Verhältnis Fraktion zur Gemeinde)	im Innenverhältnis (Verhältnis Mitglied zu Mitglied und Mitglied zur Fraktion)
öffentlich-rechtlich	h.M.: öffentlich-rechtlich
Begründung: Die Beziehungen der Fraktionen nach außen sind in der GO bzw. in der Geschäftsordnung und damit ausschließlich durch öff.-rechtl. Vorschriften geregelt.	**Begründung:** ■ Der bei der Fraktionsbildung geschlossene Vertrag beinhaltet den Ratsmitgliedern durch öff.-rechtl. Vorschriften (GO) eingeräumte Rechte. ■ Fraktionen sind Teile des Rates.

Folge:

Für Streitigkeiten im Außen- wie im Innenverhältnis ist der Verwaltungsrechtsweg einschlägig.

Fraktionszwang

= die generelle Verpflichtung der Fraktionsmitglieder, entsprechend den Fraktionsbeschlüssen im Rat abzustimmen.

Eine solche Verpflichtung ist **nicht zulässig**, da sie dem Grundsatz des freien Mandats (vgl. § 43 I GO) widerspricht. Weigert sich ein Fraktionsmitglied jedoch ständig, den Absprachen in seiner Fraktion zu folgen, so kann dies einen Verstoß gegen die Fraktionsdisziplin darstellen und zum Ausschluss aus der Fraktion führen. Es besteht somit ein Spannungsverhältnis zwischen

der Funktionsfähigkeit der Fraktion ⟷ der Ausübung des freien Mandats.
und

Pflichten der Ratsmitglieder

I. Verpflichtung auf das Gemeinwohl, § 43 I GO

II. Treupflicht gegenüber der Gemeinde, § 43 II i.V.m. § 32 I 1 GO
Die Treupflicht wird durch folgende Pflichten/Verbote konkretisiert:

Pflicht zur Verschwiegenheit	Mitwirkungsverbot wegen Befangenheit	Vertretungsverbot
§ 43 II i.V.m. § 30 I GO	§ 43 II i.V.m. § 31 GO	§ 43 II i.V.m. § 32 I 2 GO

III. Pflicht zur Auskunft über wirtschaftliche und persönliche Verhältnisse, § 43 III GO

IV. Verpflichtung zur gewissenhaften Wahrnehmung ihrer Amtspflichten
(vgl. § 67 III GO)

Pflicht zur Verschwiegenheit

Geheimhaltungsgründe

- Eine Angelegenheit ist **ihrer Natur nach** geheim.
  Dies ist gemäß § 30 I 2 GO insbesondere bei Angelegenheiten der Fall, deren Mitteilung an andere dem Gemeinwohl oder dem berechtigten Interesse einzelner Personen zuwiderlaufen würde (Bsp.: Personal- angelegenheiten).
- Die Geheimhaltung ist **besonders vorgeschrieben** (Bsp.: Datenschutz).
- Die Geheimhaltung wird **vom Rat beschlossen**.
  Hierunter fallen auch Angelegenheiten, die ohne ausdrücklichen Ratsbeschluss in nichtöffentlicher Sitzung beraten werden.

BEACHTE: § 30 I GO nennt als weiteren Grund die vom Bürgermeister angeordnete Geheimhaltung. Gemäß § 43 I Nr. 1 GO ist eine entsprechende Anordnung gegenüber Ratsmitgliedern jedoch unzulässig.

Voraussetzung für die Entstehung

Die Entstehung der Verschwiegenheitspflicht setzt voraus, dass die Angelegenheit dem Ratsmitglied anlässlich seiner Tätigkeit für den Rat bekannt geworden ist (vgl. Wortlaut des § 30 I 1 GO „dabei").
Privat erlangte Kenntnisse unterliegen nicht der Verschwiegenheitspflicht. Für solche kann sich eine vertrauliche Behandlung aus der allgemeinen Treupflicht ergeben (vgl. § 32 I 1 GO), wenn der Gemeinde durch die Weitergabe ein Schaden droht.

BEACHTE: Die Verschwiegenheitspflicht gilt auch noch nach Beendigung der Mitgliedschaft im Rat (§ 30 I 1 GO).

Auswirkungen

grds. Aussageverbot, § 30 II GO   **Verwertungsverbot**, § 30 I 3 GO

entfällt bei Erteilung einer
Aussagegenehmigung
durch den Rat, § 43 II Nr. 2 GO

Ausnahme: Vorliegen von
Versagungsgründen, § 30 III, IV GO

Vertretungsverbot, § 32 I 2 GO

Sinn und Zweck des Vertretungsverbotes

- Vorbeugung von Interessenkonflikten

  BEACHTE: Ob tatsächlich ein Interessenkonflikt vorliegt, ist für die Annahme eines Vertretungsverbotes unbeachtlich.
- Sicherung einer objektiven und unparteiischen Verwaltung der Gemeinde.

Grundsatz: Verbot der ...

Geltendmachung

Weite Auslegung, d.h. die Geltendmachung kann

- schriftlich oder mündlich
- entgeltlich oder unentgeltlich
- gerichtlich oder außergerichtlich erfolgen.

von Ansprüchen

- Anspruch = Recht, von einem anderen ein Tun oder Unterlassen zu verlangen (vgl. § 194 BGB).
- Der Anspruch kann sowohl zivilrechtlicher als auch öff.-rechtl. Natur sein.

BEACHTE:
Eine anwaltliche Vertretung in Bußgeldangelegenheit nach dem OWiG stellt keine „Geltendmachung von Ansprüchen" i.S.d. § 32 I 2 GO dar.
Begründung: Im Vordergrund steht nicht der Bußgeldanspruch der Gemeinde, sondern die Verteidigung des Betroffenen gegen den Vorwurf der Ordnungswidrigkeit.

anderer

Als Dritte („anderer") kommen sowohl natürliche als auch juristische Personen in Betracht. Erfasst werden daher auch Ansprüche der Gemeindebediensteten gegen die Gemeinde.
Eigene Ansprüche dürfen die Ratsmitglieder gegen die Gemeinde geltend machen.

Vertretungsverbot, § 32 I 2 GO
- Fortsetzung -

gegen die Gemeinde

= alle Ansprüche, die den Aufgabenbereich der Gemeinde betreffen.

BEACHTE:
Das Vertretungsverbot gilt über den Wortlaut des § 32 I 2 GO hinaus nicht nur für Ansprüche Dritter **gegen** die Gemeinde, sondern auch für die **Abwehr von Ansprüchen**, die die Gemeinde selbst gegen Dritte hat.

Ausnahme vom Grundsatz des Vertretungsverbotes:

Handeln als gesetzlicher Vertreter.

Bsp.: Geltendmachung von Ansprüchen der eigenen Kinder (vgl. § 1629 BGB).

BEACHTE:
Bei Anwaltssozietäten und Bürogemeinschaften ist allein der dem Rat angehörende Partner, nicht jedoch die Gemeinschaft insgesamt von dem Vertretungsverbot betroffen.

Folgen einer Pflichtverletzung

für das Ratsmitglied

1. aus dem **Strafrecht**

   Da Ratsmitglieder weder Immunität noch Indemnität (vgl. Art. 46 GG) genießen, können sie im Falle einer im Zusammenhang mit ihrer Tätigkeit als Ratsmitglied begangenen Straftat strafrechtlich verfolgt werden.

2. aus dem **Kommunalrecht** bei Verletzung

   a) der **Verschwiegenheitspflicht**: Festsetzung eines **Ordnungsgeldes**, §§ 30 VI 2, 29 III GO
   Voraussetzung: Die Tat ist nicht bereits mit einer Strafe bedroht.

   b) des **Mitwirkungsverbotes**: Verpflichtung gegenüber der Gemeinde zum **Schadensersatz**, § 43 IV b) GO
   Voraussetzung: Kenntnis des Ausschließungsgrundes = eine bloß fahrlässige Unkenntnis genügt nicht.
   Einschränkung: Die Schadensersatzpflicht bezieht sich nur auf Vermögensschäden infolge eines Ratsbeschlusses.

   c) **sonstiger Pflichten**: Verpflichtung gegenüber der Gemeinde zum **Schadensersatz**, § 43 IV a) und c) GO
   Einschränkung: Die Schadensersatzpflicht bezieht sich nur auf Vermögensschäden infolge eines Ratsbeschlusses.

   BEACHTE: Eine Verletzung des Vertretungsverbotes ist kommunalrechtlich nicht sanktioniert.

3. aus dem **Zivilrecht**

   - Allgemeine Verpflichtung zum **Schadensersatz** gegenüber der Gemeinde und Dritten gemäß **§ 823 I BGB** für **Nicht**vermögensschäden.
   - Verpflichtung zum Ersatz von **Vermögens**schäden gegenüber der Gemeinde und Dritten gemäß **§ 823 II BGB i.V.m. einem Schutzgesetz** (insbesondere §§ 43 II i.V.m. 30, 31 GO).

   BEACHTE: Eine Haftung gegenüber Dritten scheidet im Falle der Amtshaftung der Gemeinde nach Art. 34 GG i.V.m. § 839 BGB aus.

Folgen einer Pflichtverletzung
- Fortsetzung -

für die Gemeinde

Amtshaftung

= Haftung der Gemeinde im Außenverhältnis nach Art. 34 GG i.V.m. § 839 BGB für Schäden, die Dritten i.S.d. § 839 BGB durch amtspflichtwidrige Ratsbeschlüsse entstehen.
Ratsmitglieder sind Beamte im haftungsrechtlichen Sinne.

BEACHTE:

- Die Gemeinde kann gegenüber dem Ratsmitglied unter den Voraussetzungen des § 43 IV GO Rückgriff nehmen.
- Ein Rückgriff über § 48 Beamtenstatusgesetz scheidet aus, da Ratsmitglieder keine Beamten im staatsrechtlichen Sinne sind.

Bürgermeister

Rechtsstellung

Der Bürgermeister ist ein **kommunaler Wahlbeamter** auf Zeit (§ 62 I 1GO, § 119 II LBG). Auf ihn finden die für Beamte **allgemein geltenden Vorschrif- ten des LBG** Anwendung, soweit nicht **§ 119 LBG** etwas anderes bestimmt.

BEACHTE insbesondere:
- Für die Begründung des Beamtenverhältnisses bedarf es ausnahmsweise keiner Ernennung (§ 119 III 1 GO).
- Für Bürgermeister gilt keine Altersgrenze (§ 119 IV 1 LBG).
- Eine Verpflichtung, sich zur Wiederwahl zu stellen, besteht nicht (§ 119 II 2 LBG).

Wahl

Der Bürgermeister wird gemäß § 65 I GO

- von den Bürgern (aktives Wahlrecht, § 7 KWahlG)
- in allgemeiner, unmittelbarer, freier, gleicher und geheimer Wahl
- für die Dauer von 5 Jahren
- nach den Grundsätzen der Mehrheitswahl (vgl. § 46c KWahlG)
- zugleich mit dem Rat (sog. verbundene Wahl) gewählt.

BEACHTE:
- Erhält von mehreren Bewerbern im 1. Wahlgang keiner mehr als die Hälfte der gültigen Stimmen, findet am 2. Sonntag nach der Wahl eine **Stichwahl** unter den beiden Bewerbern statt, die bei der ersten Wahl die höchsten Stimmenzahlen erhalten haben (§ 46c II KWahlG).
- Das passive Wahlrecht (Wählbarkeit) ist in § 65 II GO geregelt.

Abwahl

Der Bürgermeister kann gemäß § 66 I 1 GO nur von den Bürgern der Gemeinde vor Ablauf seiner Amtszeit abgewählt werden.

Bürgermeister
- Fortsetzung -

Verfahren der Abwahl

1. **Einleitung eines Abwahlverfahrens,**

    § 66 I 2 GO Nr. 1 GO:
    a) Antrag (auf Abwahl) durch mindestens die Hälfte der gesetzlichen Zahl der Mitglieder des Rates (vgl. § 3 KWahlG) an den stellvertretenden Bürgermeister.
    b) Beschluss über die Annahme des Antrags mit einer Mehrheit von 2/3 der gesetzlichen Zahl der Mitglieder des Rates (vgl. § 3 KWahlG).

    BEACHTE: ▪ Zwischen dem Eingang des Antrags und dem Beschluss muss eine Frist von mindestens 2 Wochen liegen (§ 66 I 3 GO).
    ▪ Über den Antrag ist ohne Aussprache namentlich abzustimmen (§ 66 I 4 GO).

    oder

    § 66 I 2 Nr. 2 GO:
    schriftlicher Antrag durch eine bestimmte Anzahl von Bürgern (vgl. § 66 III GO)

2. **Entscheidung über die Abwahl durch die Bürger**
    (§ 66 I 3 i.V.m. KWahlG)

    BEACHTE: Der Bürgermeister kann gemäß § 66 II GO auf die Entscheidung der Bürger über seine Abwahl verzichten. Er gilt dann als abgewählt.

Aufgaben des Bürgermeisters

in der Gemeindeverwaltung als Hauptverwaltungsbeamter

Organisationsrecht

Das Organisationsrecht beinhaltet das Recht

- den Geschäftsgang der gesamten Verwaltung in eigener Verantwortung zu leiten und zu beaufsichtigen, § 62 I 2 GO
- die Geschäfte zu leiten und zu verteilen, § 62 I 3 GO
- die dienstrechtlichen und arbeitsrechtlichen Entscheidungen zu treffen, § 73 III GO

Vertretung, § 63 GO

= die gesetzliche Vertretung der Gemeinde im Außenverhältnis
= die Befugnis, gegenüber Dritten rechtswirksam mit Wirkung für und gegen die Gemeinde zu handeln (= Vertretungsmacht).

BEACHTE:
- Von der äußeren Vertretungsmacht sind die internen Entscheidungsbefugnisse (vgl. § 41 GO) zu trennen.
- Der BM handelt als gesetzlicher Vertreter aus Gründen der Rechtssicherheit selbst dann nach außen rechtswirksam für die Gemeinde, wenn es im Innenverhältnis an einer Zustimmung des zuständigen Organs fehlt.

weitere Aufgaben

- Entscheidung über Geschäfte der laufenden Verwaltung, § 41 III GO und sonstiger übertragener Aufgaben, § 62 II 3 GO
- Vorbereitung von Beschlüssen, § 62 II 1 GO
- Durchführung von Beschlüssen, Dringlichkeitsentscheidungen und Weisungen, § 62 II 2 GO
- Erledigung staatlicher Aufgaben, § 62 III GO
- Unterrichtung des Rates über alle wichtigen Gemeindeangelegenheiten, §§ 55 I, 62 IV GO
- Beanstandung von Rats- und Ausschussbeschlüssen, § 54 II, III GO

Aufgaben des Bürgermeisters
- Fortsetzung -

im Rat

Vorsitz, § 40 II 3 GO

Aus dem Ratsvorsitz folgt u.a. das Recht

- Ratssitzungen einzuberufen, § 47 I GO
- die Tagesordnung der Sitzungen festzusetzen, § 48 I GO
- zur Verhandlungsleitung, Eröffnung und Schließung der Sitzungen, Handhabung der Ordnung und Ausübung des Hausrechts, § 51 I GO
- die über die im Rat gefassten Beschlüsse gefertigte Niederschrift zu unterzeichnen, § 52 I 2 GO
- Ratsbeschlüssen zu widersprechen, § 54 I GO
- Dringlichkeitsentscheidungen zu treffen, § 60 I 2 GO

Vertretung und Repräsentation, § 40 II GO

- Vertretung des Rates als Organ der Gemeinde nach außen.
- Vertretung des Rates als Behörde (z.B. im Falle des § 29 III GO) nach außen.

Vertretung der Gemeinde durch den Bürgermeister

Im **Außenverhältnis** ist der Bürgermeister der alleinige gesetzliche Vertreter der Gemeinde in Rechts- und Verwaltungsgeschäften (§ 63 I 1 GO).

Die internen Entscheidungsbefugnisse des Rates und der Ausschüsse bleiben dadurch jedoch unberührt (vgl. den Wortlaut des § 63 I 1 GO).

Die Vertretungsmacht des Bürgermeisters im Außenverhältnis ist durch die Befugnis des im Innenverhältnis entscheidungsbefugten Organs aus Gründen der Rechtssicherheit aber nicht eingeschränkt.

Folge: Der Bürgermeister kann im Außenverhältnis selbst dann rechtswirksam für die Gemeinde handeln, wenn es an der Zustimmung des entscheidungsbefugten Organs im Innenverhältnis fehlt.

In den folgenden Fällen bedarf die Vertretung der **Schriftform**:

1. **Abgabe von Verpflichtungserklärungen, § 64 I GO**

   Verpflichtung:
   - Sie kann sowohl öff.-rechtlicher als auch privatrechtlicher Natur sein.
   - Die Erklärung muss die Verpflichtung der Gemeinde bezwecken, d.h. es muss ein rechtsgeschäftlicher Wille zur Begründung einer Verpflichtung bestehen. Eine Verpflichtung, die nur als nichtbezweckte Nebenfolge eintritt – z.B. die Kostenfolge einer Klage – ist demnach keine Verpflichtungserklärung i.S.d. § 64 I GO.
   - Eine bloße Bestätigung oder Erfüllung (Erfüllungsgeschäft) einer bereits bestehenden Verpflichtung ist keine Verpflichtungserklärung i.S.v. § 64 I GO.

   Ausnahme:
   - (Verpflichtungs-) Geschäfte der laufenden Verwaltung unterliegen ohne Einschränkungen der alleinigen Vertretungsmacht des Bürgermeisters (§ 64 II GO).
   - Besteht eine Vollmacht in der Form des § 64 I GO, so können darauf beruhende Verpflichtungserklärungen auch formlos (z.B. mündlich) abgegeben werden (§ 64 III GO).

2. **§ 74 III GO**

   BEACHTE: Erklärungen, die nicht den Formvorschriften der GO entsprechen, binden die Gemeinde nicht (§ 64 IV GO).

Befugnisse des Bürgermeisters

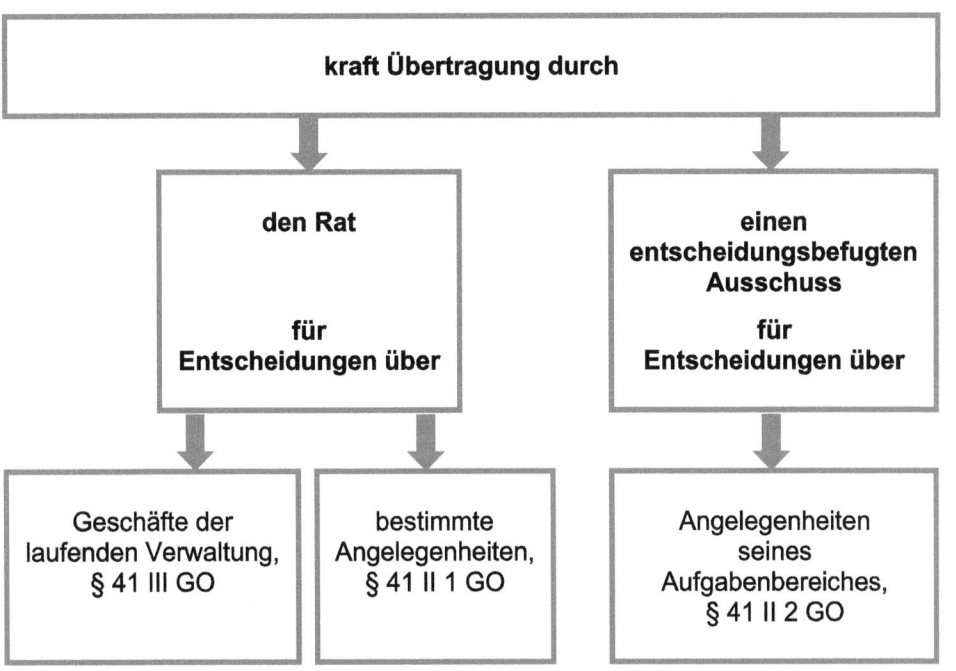

Ausschüsse

Arten

freiwillige Ausschüsse, § 57 I GO

z.B.:
- Personalausschuss
- Bauausschuss
- Sozialausschuss
- Kulturausschuss

Pflichtausschüsse

- nach § 57 II GO:
  - Hauptausschuss
  - Finanzausschuss
  - Rechnungsprüfungsausschuss
- Jugendhilfeausschuss, § 70 SGB VIII
- Wahlausschuss, § 2 KWahlG

Aufgaben

Vorbereitung von Ratsbeschlüssen
(beratende Ausschüsse)

↓

als Organteile

eigene Beschlussfassung
(beschließende Ausschüsse)

Vorauss.: Entscheidungsbefugnis durch

Gesetz → Rat (§ 41 II 1 GO)

↓ ↓

unmittelbare Organe   mittelbare Organe

BEACHTE:

- Gemäß § 58 I GO regelt der Rat die Befugnisse der Ausschüsse. Dies gilt für die Pflichtausschüsse jedoch nur insoweit, als ihre Aufgaben und Befugnisse nicht bereits gesetzlich festgelegt sind, so z.B. für den

Hauptausschuss in	Finanzausschuss in	Rechnungsprüfungsausschuss in
• § 59 I GO • § 60 I 1 GO • § 61 GO • § 37 II GO	• § 59 II GO	• § 59 III GO • § 101 GO

- Gegen Entscheidungen beschließender Ausschüsse steht dem Bürgermeister bzw. 1/5 der Ausschussmitglieder ein Einspruchsrecht zu (§ 57 IV GO). Über den Einspruch entscheidet der Rat.

Ausschüsse
- Fortsetzung -

Zusammensetzung

Gemäß § 58 I 1 GO regelt grundsätzlich der Rat die Zusammensetzung der Ausschüsse.
Die Zahl der Ausschussmitglieder kann der Rat grundsätzlich nach freiem Ermessen bestimmen.
Nach § 58 III 1 GO können zu Mitgliedern der Ausschüsse - mit Ausnahme der in § 59 GO vorgesehenen Ausschüsse - neben Ratsmitgliedern auch zum Rat wählbare sachkundige Bürger bestellt werden. Als Mitglieder mit beratender Stimme können den Ausschüssen zudem unter den in § 58 IV GO näher genannten Voraussetzungen auch volljährige sachkundige Einwohner angehören.

Das Kommunalverfassungsstreitverfahren
(auch Organstreitverfahren genannt)

ist eine gerichtliche Streitigkeit

zwischen mehreren Organen	innerhalb eines Organs
= **Interorganstreit**	= **Innerorganstreit**
Bsp.: ■ Klage mehrerer Ratsmitglieder bzw. einer Fraktion gegen den Bürgermeister auf Aufnahme eines Vorschlages in die Tagesordnung (vgl. § 48 I 2 GO). ■ Klage des Rates, eines Ratsmitgliedes oder einer Fraktion gegen den Bürgermeister auf Vollzug eines Ratsbeschlusses (vgl. § 62 II 2 GO).	**Bsp.:** Klage eines Ratsmitgliedes gegen den Rat wegen Ausschlusses von der Sitzung aufgrund z.B. seiner Befangenheit.

über **Rechte bzw. Pflichten**,
insbesondere die Aufgaben- und Zuständigkeitsabgrenzung.

BEACHTE: Ein Streit zwischen der Gemeinde selbst und einem Gemeindeorgan ist kein Kommunalverfassungsstreit.

Klageart

Streit über eine Maßnahme ohne Außenwirkung (= kein VA)

Regelfall, da meist nur Rechte bzw. Zuständigkeiten der Gemeindeorgane betroffen sind und die Maßnahme somit nur im Innenbereich der Gemeinde Wirkung entfaltet. Mangels Außenwirkung erfüllt die streitige Maßnahme nicht die Tatbestandsvoraussetzungen eines Verwaltungsaktes nach § 35 VwVfG.

Als statthafte Klageart kommt die
Feststellungsklage oder **allgemeine Leistungsklage** in Betracht.

Klageziel:
a) **Feststellungsklage:** Feststellung des Bestehens oder Nichtbestehens eines Rechtsverhältnisses.
Rechtsverhältnis: Für die Begründung eines Rechtsverhältnisses reicht es nach heute h.M. aus, dass sich aus einem konkreten Sachverhalt aufgrund einer Rechtsnorm zwischen Organen und/oder Organteilen rechtliche Beziehungen ergeben (sog. organschaftliches Rechtsverhältnis).
b) **allgemeine Leistungsklage:** Realakt, d.h. schlichtes Tun, Dulden oder Unterlassen.

Streit über eine Maßnahme mit Außenwirkung (VA, Realakt)

Ausnahmefall, da der Streit in der Regel um Rechte bzw. Zuständigkeiten der Gemeindeorgane geführt wird und damit nur Rechtswirkungen im Innenverhältnis der Gemeinde hat.

Bsp.:
- Festsetzung eines Ordnungsgeldes gegen ein Ratsmitglied nach §§ 30 VI i.V.m. 29 III GO.
- Wahl und Abberufung der Beigeordneten (§ 71 GO), da diese hierdurch nicht nur in ihren Rechten als mittelbare Organe der Gemeinde, sondern auch in ihren persönlichen Rechten betroffen sind.

Als statthafte Klageart kommt die
Anfechtungsklage, § 42 I 1. Alt. VwGO oder
Verpflichtungsklage, § 42 I 2. Alt. VwGO
sowie die **allgemeine Leistungsklage** als Unterfall der Verpflichtungsklage
in Betracht.

Prüfungsschema

I. **Zulässigkeit**

1. **Eröffnung des Verwaltungsrechtsweges** (§ 40 I VwGO)

   a) **öffentlich-rechtliche Streitigkeit**
   Die Streitigkeit ist in der Regel öffentlich-rechtlicher Natur, da die Parteien um Rechte aus der GO streiten (= die streitentscheidende Norm ist dem öffentlichen Recht zuzuordnen).

   b) **nichtverfassungsrechtlicher Art**
   Die Streitigkeit ist in der Regel nichtverfassungsrechtlicher Art, da Kommunalverfassungsrecht nicht zum Staatsverfassungsrecht i.S.d. § 40 I VwGO zählt und Gemeindeorgane keine Staatsorgane sind.

   c) keine Sonderzuweisung an eine andere Gerichtsbarkeit

2. **Statthafte Klageart**

   a) Anfechtungs-/ Verpflichtungsklage
   b) allgemeine Leistungsklage
   c) Feststellungsklage
   Spezielle Zulässigkeitsvoraussetzungen der Feststellungsklage:
   aa) Subsidiarität zur Anfechtungs- oder Leistungsklage
   (= Verpflichtungs- u. allgemeine Leistungsklage), § 43 II VwGO
   bb) Rechtsverhältnis i.S.d. § 43 VwGO
   Für die Begründung eines Rechtsverhältnisses reicht es nach heute h.M. aus, dass sich aus einem konkreten Sachverhalt aufgrund einer Rechtsnorm zwischen Organen und/oder Organteilen rechtliche Beziehungen ergeben (sog. organschaftliches Rechtsverhältnis).
   cc) Feststellungsinteresse, § 43 I VwGO

   BEACHTE: Im Falle der Erledigung ist die Fortsetzungsfeststellungsklage die statthafte Klageart.

Prüfungsschema
- Fortsetzung -

3. **Klagebefugnis**, § 42 II VwGO analog

   Die Klagebefugnis ist gegeben, wenn ein eigenes (subjektives) Mitgliedschaftsrecht des Klägers aus seiner Stellung als Organ oder Organteil verletzt sein kann.

   BEACHTE:
   - Die Klagebefugnis ist unabhängig von der Klageart immer, d.h. ausnahmsweise auch im Falle einer Feststellungsklage, zu prüfen.
   - Das OVG NRW erkennt auch ein subjektives Organrecht auf Sitzungsöffentlichkeit an.

   Weitere Beispiele für subjektive Organrechte siehe Seite 47 „Rechte der Ratsmitglieder".

4. **Beteiligtenfähigkeit von**

   a) **Organen**: § 61 Nr. 2 VwGO

   b) **Organteilen**: § 61 Nr. 2 VwGO analog

   § 61 Nr. 2 VwGO gelangt lediglich analog zur Anwendung um zu verdeutlichen, dass beim KVS nicht um private, sondern ausschließlich um organschaftliche Rechte gestritten wird.

5. **Klagegegner**

   Der richtige Klagegegner ist das betroffene Organ bzw. Organteil, d.h. nicht die Gemeinde selbst.

6. Ein Vorverfahren ist entbehrlich.

7. Die Einleitung eines Kommunalverfassungsstreitverfahrens ist an keine Frist gebunden (= keine Klagefrist).

II. Begründetheit

Das Kommunalverfassungsstreitverfahren (das Organstreitverfahren) ist begründet, wenn die streitige Maßnahme rechtswidrig und der Kläger dadurch in seinen (organschaftlichen) Rechten verletzt ist.

Einwohner und Bürger

Einwohner

ist, wer in der Gemeinde **wohnt**, § 21 I GO.

BEACHTE:
- Ein „wohnen" i.S.d. § 21 I GO ist gegeben, wenn jemand eine **Wohnung** hat, die er **nach objektiver Betrachtungsweise beibehalten und benutzen** wird. Auf die tatsächliche Dauer der Benutzung kommt es nicht an.
Der Begriff der Wohnung ergibt sich aus § 20 Bundesmeldegesetz (BMG).
- Bei mehreren Wohnungen in verschiedenen Gemeinden richtet sich die Stellung als Einwohner i.S.d. § 21 I GO nach der Hauptwohnung (§ 22 BMG).

Bürger

ist, wer zu den Gemeindewahlen **wahlberechtigt** ist, § 21 II GO.

Die Wahlberechtigung ergibt sich aus § 7 KWahlG.

BEACHTE:
- Kein Bürger ist, wer nach § 8 KWahlG vom Wahlrecht ausgeschlossen ist.
- Bei mehreren Wohnungen ist die Hauptwohnung maßgeblich (§ 7 KWahlG).

allgemeine Rechte der Einwohner und Bürger

Einwohner und Bürger haben insbesondere ein Recht auf
- Nutzung gemeindlicher Einrichtungen, § 8 II GO
- Hilfe bei der Einleitung von Verwaltungsverfahren, § 22 I 1 GO
- Unterrichtung durch den Rat über die allgemein bedeutsamen Angelegenheiten der Gemeinde, § 23 GO
- Abgabe von Anregungen und Beschwerden (Petitionsrecht), § 24 GO
- Stellung eines Einwohnerantrages, § 25 GO

spezielle Bürgerrechte

Über die allgemeinen Rechte hinaus haben nur die Bürger das Recht
- an Kommunalwahlen teilzunehmen
- ein Bürgerbegehren durchzuführen und einen Bürgerentscheid zu treffen, § 26 GO.

Einwohner und Bürger
- Fortsetzung -

Einwohner	Bürger
allgemeine Pflichten der Einwohner und Bürger	
Einwohner sind insbesondere verpflichtet ■ die gemeindlichen Lasten zu tragen, § 8 II GO ■ eine ehrenamtliche Tätigkeit zu übernehmen, § 28 I GO	
	spezielle Bürgerpflichten Über die allgemeinen Pflichten hinaus sind nur die Bürger ver- pflichtet, ein Ehrenamt zu über- nehmen, § 28 II GO.

Mitwirkungsrechte

Einwohner und Bürger haben gleichermaßen die folgenden **unverbindlichen Mitwirkungsrechte**:	Die folgenden **Mitwirkungsrechte** stehen **ausschließlich den Bürgern** zu:	
	verbindliche Mitwirkungsrechte	**Wahlen**
- Gelegenheit zur Äußerung und Erörterung, § 23 II 1 GO - Einwohnerversammlung, § 23 II 2 GO - Anregungen und Beschwerden, § 24 GO - Einwohnerantrag, § 25 GO - Fragestunden im Rat, § 48 I 3 GO - Mitwirkung sachkundiger Bürger und Einwohner in Ausschüssen, § 58 III, IV GO - Einwendungen gegen den Entwurf der Haushaltssatzung, § 80 III 2 GO	Bürgerbegehren/ Bürgerentscheid, § 26 GO	- Rat, § 42 I GO - Bezirksvertretung, § 36 I GO - Bürgermeister, § 65 I GO

Zulässigkeit eines Einwohnerantrags

I. **formelle Anforderungen**

1. **Antrag**, § 25 I 1 GO

2. durch einen gemäß § 25 I GO berechtigten **Antragsteller**, d.h.
   - einen Einwohner (§ 21 I GO)
   - der seit mindestens 3 Monaten in der Gemeinde wohnt und
   - das 14. Lebensjahr vollendet hat

3. in **Schriftform**, § 25 II 1 GO

    BEACHTE: Schriftform bedeutet in entsprechender Anwendung des § 126 I BGB auch, dass der Antrag unterschrieben sein muss.

4. **bestimmtes Begehren mit Begründung**, § 25 II 2 GO

5. Benennung von <u>bis zu</u> 3 **Vertretern** der Unterzeichnenden, § 25 II 3 GO
   - Der oder die Vertreter sind die Ansprechpartner der Gemeinde im weiteren Verfahren.

6. **ausreichende Anzahl an Unterschriften** (Quorum), § 25 III GO
   - in **kreisangehörigen Gemeinden**: mindestens 5 % der Einwohner höchstens jedoch 4.000 Einwohnern
   - in **kreisfreien Städten**: mindestens 4 % der Einwohner höchstens jedoch 8.000 Einwohnern

7. **formelle Anforderungen an die Unterschriftenliste**

    a) **voller Wortlaut des Antrages**, § 25 IV 1 GO

    BEACHTE: Zum Antrag gehören gemäß § 25 II 2 und 3 GO
    - das eigentliche Begehren (= der Antrag im engeren Sinne)
    - die Begründung
    - die Benennung der Vertreter

Zulässigkeit eines Einwohnerantrages
- Fortsetzung -

b) Die **Person** des Unterzeichners muss **zweifelsfrei erkennbar** sein und zwar nach Namen, Vornamen, Geburtsdatum und Anschrift des Unterzeichners, § 25 IV 2 GO.
Bei Zweifeln **über die Person** ist die Eintragung, d.h. die Unterstützungsunterschrift, ungültig.

BEACHTE: Die Vorschrift soll der Gemeinde nur bei der Prüfung der Unterzeichnungsbefugnis (vgl. § 25 IV 3 GO) helfen. Sie begründet daher keine zusätzliche Anforderung an die Unterschriftenliste. Eine Unterschrift ist daher erst dann ungültig, wenn die Person des Unterzeichners durch die Gemeinde auch nach der vorgeschriebenen Prüfung - z.B. nach Einsicht in das Melderegister - nicht zweifelsfrei identifizierbar ist. Ist eine Identifizierung dagegen im Rahmen der ohnehin erforderlichen Nachprüfung möglich, obwohl einzelne Angaben bei der Eintragung fehlen, bleibt die Unterschrift gültig.

8. Ein **Wiederholungsantrag** ist erst nach Ablauf von 12 Monaten zulässig, § 25 V GO.

9. Die Voraussetzungen des § 25 I bis V GO müssen im Zeitpunkt des Eingangs des Antrags bei der Gemeinde erfüllt sein, § 25 VI GO.

II. Materielle Anforderungen

Die Angelegenheit, über die der Rat antragsgemäß beraten und entscheiden soll, muss in seine **gesetzliche Zuständigkeit** fallen
= Prüfung der **Verbands- und Organkompetenz**

BEACHTE: Von der Verordnungsermächtigung in § 25 IX GO hat das Innenministerium bisher keinen Gebrauch gemacht.

Einwohnerantrag
- Verfahrensablauf -

1. Antragstellung, § 25 I GO

2. Unverzügliche Ratsentscheidung über die Zulässigkeit des Antrags, § 25 VII 1 GO
- unverzüglich = ohne schuldhaftes Zögern
- reine Rechtmäßigkeitskontrolle ohne Beurteilungs- oder Ermessensspielraum
- Die Entscheidung erfolgt durch Beschluss. Dieser ist ein **feststellender Verwaltungsakt** in Form einer **Allgemeinverfügung** i.S.d. § 35 S. 2 VwVfG.

3.a) bei Feststellung der Zulässigkeit

Unverzügliche Beratung und Entscheidung über die beantragte Angelegenheit, spätestens innerhalb von vier Monaten nach Eingang des Antrags, § 25 VII 2 GO.

3.b) bei Feststellung der Unzulässigkeit

Rechtsschutz gegen den Nichtzulassungsbeschluss:

Klage auf Zulassung des Einwohnerantrags.

Einwohnerantrag
- Klage auf Zulassung -

I. Zulässigkeit

1. Der **Verwaltungsrechtsweg** ist nach § 40 I VwGO eröffnet, da eine Norm des öffentlichen Rechts (§ 25 GO) streitentscheidend ist.

2. **statthafte Klageart**
   Der Nichtzulassungsbeschluss ergeht gegenüber den Unterzeichnern des Einwohnerantrags. Da diese keine Organe der Gemeinde sind, hat der Beschluss unmittelbare Außenwirkung. Er ist ein feststellender VA. Damit ist die **Verpflichtungsklage** die statthafte Klageart. Mit ihr wird nach erfolglosem Antrag der Erlass eines Zulassungs-VA begehrt.

3. **Klagebefugnis**
   Klagebefugt sind die oder der Vertreter (vgl. § 26 VI 3 GO).

4. **Klagefrist**, § 74 II, I VwGO

5. **Beteiligungsfähigkeit**

   a) der Vertreter gemäß § 61 Nr. 1 VwGO als natürliche Personen, da die Gesamtheit der Unterzeichnenden nicht rechtsfähig ist (vgl. die Regelung in § 26 VI 3 GO)

   BEACHTE: Die Vertreter müssen gemeinschaftlich handeln.

   b) die **Gemeinde** als juristische Person gemäß § 61 Nr. 1 VwGO

6. **Prozessfähigkeit**, § 62 VwGO

7. **richtiger Klagegegner** ist gemäß § 78 I Nr. 1 VwGO die Gemeinde

II. Begründetheit

Die Verpflichtungsklage ist begründet, wenn die ablehnende Entscheidung des Rates rechtswidrig und die Unterzeichner dadurch in ihren Rechten verletzt sind (vgl. § 113 V VwGO).
Die Ratsentscheidung ist rechtswidrig, wenn der Einwohnerantrag zulässig ist.

Zulässigkeit eines Bürgerbegehrens

I. **Formelle Anforderungen**

1. **Antrag** (Bürgerbegehren), § 26 I 1 GO

2. durch einen gemäß § 26 I 1 berechtigten **Antragsteller**, d.h. einen **Bürger** (vgl. § 21 II GO, §§ 7, 8 KWahlG)

3. in **Schriftform**, § 26 II 1 GO

    BEACHTE: Schriftform bedeutet in entsprechender Anwendung des § 126 I BGB auch, dass der Antrag unterschrieben sein muss.

4. a) **bestimmtes Begehren mit Begründung**, § 26 II 1 GO

    BEACHTE:
    - Die zur Entscheidung zu bringende Frage muss gemäß § 26 VII GO eindeutig mit „JA" oder „NEIN" zu beantworten sein.
    - Die Stellung mehrerer Fragen ist zulässig, soweit sich alle Fragen auf ein und dieselbe „Angelegenheit" i.S.d. § 26 I GO beziehen (= ein Sachzusammenhang zwischen den Fragen besteht).
    - Enthält ein Bürgerbegehren mehrere Fragen, so können diese nur insgesamt mit „JA" oder „NEIN" beantwortet werden. Eine alternative Fragestellung ist unzulässig.

    b) **Kostenschätzung** der Verwaltung, § 26 II 5, 6 GO

5. Benennung von <u>bis zu</u> 3 **Vertretern** der Unterzeichnenden, § 26 II 2 GO

6. **ausreichende Anzahl an Unterschriften von Bürgern** (Quorum), § 26 IV 1 GO

7. **formelle Anforderungen an die Unterschriftenliste**, § 26 IV 6 i.V.m. § 25 IV GO

    a) **voller Wortlaut des Antrags**, § 26 IV 6 i.V.m. § 25 IV 1 GO

    BEACHTE: Zum Antrag gehören gemäß § 26 I und II GO
    - das eigentliche Begehren (= der Antrag im engeren Sinne)
    - die Begründung (mit Angabe der Kostenschätzung)
    - die Benennung der Vertreter

    b) **Gültigkeit der Eintragungen**, § 26 IV 6 i.V.m. § 25 IV 2 GO

Zulässigkeit eines Bürgerbegehrens
- Fortsetzung -

8. **ggfs. Frist**, § 26 III GO

   Ein Bürgerbegehren muss

   - **sechs Wochen nach der Bekanntmachung** eines Beschlusses bzw.
   - **drei Monate nach dem Sitzungstag** - falls es keiner Bekanntmachung bedarf -

   eingereicht sein.

   BEACHTE: Ein Bürgerbegehren ist nur fristgebunden, wenn es sich gegen einen bereits gefassten Ratsbeschluss richtet. Soll dagegen in einer Angelegenheit, über die der Rat noch nicht beschlossen hat, eine Entscheidung herbeigeführt werden, so ist das entsprechende Bürgerbegehren nicht fristgebunden.

II. **materielle Anforderungen**

   1. **Verbandskompetenz der Gemeinde** (§ 26 I 1 GO: „…über eine Angelegenheit der Gemeinde…")

   2. **Organkompetenz des Rates** (§ 26 I 1 GO: „…an Stelle des Rates…")

   BEACHTE:
   Hat der Rat gemäß § 41 II GO Entscheidungen über bestimmte Angelegenheiten auf Ausschüsse übertragen, gehören diese grundsätzlich auch weiterhin zum Zuständigkeitsbereich des Rates und können Gegenstand eines Bürgerbegehrens sein. Denn Ausschüsse sollten den Rat entlasten, aber nicht entmachten (vgl. Urteil des OVG Münster vom 19.02.2008, Az. 15 A 2961/07)

   3. **keine Unzulässigkeit** des Bürgerbegehrens nach § 26 V GO

BEACHTE: § 26 II Sätze 7 – 11 GO
Ein Antrag auf Prüfung der Zulässigkeit des Bürgerbegehrens ist bereits vor Sammlung der Unterschriften nach Absatz 4 (Quorum) möglich. Dafür genügen die Unterschriften der Vertreter und von mindestens 25 Bürgern.

Unzulässigkeit eines Bürgerbegehrens nach § 26 V GO

§ 26 V Nr. 1 GO

innere Organisation der Gemeindeverwaltung
= Leitung und Verteilung der Geschäfte (vgl. § 62 I 2 – 4 GO).
Das Organisationsrecht ist eine ausschließliche Aufgabe des Bürgermeisters, welche der Rat ihm nicht entziehen oder einschränken kann. Es stellt damit eine Ausnahme vom Grundsatz der Allzuständigkeit des Rates dar, so dass es grundsätzlich bereits an der für die Zulässigkeit eines Bürgerbegehrens erforderlichen Organkompetenz des Rates fehlt.

Ausnahme: Das Organisationsrecht des Bürgermeisters kann vom Rat ausnahmsweise eingeschränkt werden, soweit es die
- Festlegung des Geschäftskreises der Beigeordneten (vgl. § 73 I GO) oder
- Bestellung des allgemeinen Vertreters betrifft.

BEACHTE: Hat das Bürgerbegehren die Übernahme einer neuen, freiwilligen Aufgabe zum Ziel, die zwingend eine Änderung der Verwaltungsorganisation nach sich zieht, so führt dies nicht nur Unzulässigkeit des Begehrens.
Begründung: Das Begehren selbst ist ausschließlich auf die Entscheidung über die Aufgabenwahrnehmung gerichtet. Die Organisationsänderung ist dagegen nur eine mittelbare Folge der neuen Aufgaben.

§ 26 V Nr. 2 GO

Über den Wortlaut der Nr. 2 hinaus ist ein Bürgerbegehren mit dem Ziel der Wahl oder Abberufung kommunaler Wahlbeamter unzulässig.
Die Bürgerbeteiligung bei der Wahl und Abberufung kommunaler Wahlbeamter richtet sich ausschließlich nach Sondervorschriften (vgl. §§ 65, 66 GO).

§ 26 V Nr. 3 GO

Unzulässig sind nur Bürgerbegehren, die **unmittelbar haushaltsrelevant** sind. Ansonsten wäre jedes Begehren, das Kosten verursacht, unzulässig. Begehren, die lediglich mittelbar Auswirkungen auf den Gemeindehaushalt haben, fallen daher nicht unter § 26 V Nr. 3 GO.

Unzulässigkeit eines Bürgerbegehrens nach § 26 V GO
- Fortsetzung -

§ 26 V Nr. 4 GO
Angelegenheiten, die im Rahmen eines Planfeststellungsverfahrens oder eines förmlichen Verwaltungsverfahrens mit Öffentlichkeitsbeteiligung oder eines abfallrechtlichen, immissionsschutzrechtlichen, wasserrechtlichen oder vergleichbaren Zulassungsverfahrens zu entscheiden sind.

§ 26 V Nr. 5 GO
Die Aufstellung, Änderung, Ergänzung und Aufhebung von Bauleitplänen mit Ausnahme der Entscheidung über die Einleitung des Bauleitplanverfahrens

§ 26 V 2 GO
Die zweijährige Sperrfrist für Wiederholungsbegehren beginnt ab der Durchführung des letzten Bürgerentscheids zu laufen.

Bürgerbegehren
- Verfahrensablauf -

1. Antragstellung (Bürgerbegehren), § 26 I GO

Sobald die Kostenschätzung vorliegt, können die Vertretungsberechtigten beantragen, dass der Rat/Hauptausschuss bereits **vor** Sammlung der Unterschriften binnen 8 Wochen mit Ausnahme des Quorums über die Zulässigkeit entscheidet (§ 26 II Sätze 7 - 11 GO).

---

2. Unverzügliche Ratsentscheidung über die Zulässigkeit des Antrags, § 26 VI 1 und 2 GO

- unverzüglich = ohne schuldhaftes Zögern
- reine Rechtmäßigkeitskontrolle ohne Beurteilungs- oder Ermessensspielraum - entweder aller Zulässigkeitsvoraussetzungen oder nur noch des Quorums -
- Die Entscheidung erfolgt durch Beschluss. Dieser ist ein **feststellender Verwaltungsakt** in Form einer **Allgemeinverfügung** i.S.d. § 35 S. 2 VwVfG.

3.a) bei Feststellung der Zulässigkeit

Der Rat **entspricht** dem Bürgerbegehren,

d.h. er fasst einen **Beschluss** i.S.d. Begehrens.

Folge:
Ein Bürgerentscheid unterbleibt (§ 26 VI 5 GO).

BEACHTE: Hebt der Rat den i.S.d. Begehrens getroffenen Beschluss innerhalb von zwei Jahren wieder auf, ist die Gemeinde verpflichtet, einen Bürgerentscheid durchzuführen.

3.b) bei Feststellung der Unzulässigkeit

Rechtsschutz gegen den Nichtzulassungsbeschluss:

Klage auf Zulassung des Bürgerbegehrens.

Der Rat **entspricht** dem Bürgerbegehren **nicht**,

d.h. er fasst einen **Beschluss**,
a) dem Begehren nicht zu entsprechen und
b) den Bürgerentscheid zuzulassen.

Folge: Innerhalb von drei Monaten ist ein **Bürgerentscheid** durchzuführen (§ 26 VI 4 GO).

Die **Dreimonatsfrist beginnt** mit der Entscheidung über die Zulässigkeit zu laufen.

BEACHTE die Sperrwirkung des zulässigen Bürgerbegehrens (§ 26 VI 7 GO)

Bürgerbegehren
- Klage auf Zulassung -

I. Zulässigkeit

1. Der **Verwaltungsrechtsweg** ist nach § 40 I VwGO eröffnet, da eine Norm des öffentlichen Rechts (§ 26 GO) streitentscheidend ist.

2. **statthafte Klageart**
   Der Nichtzulassungsbeschluss ergeht gegenüber den Unterzeichnern des Bürgerbegehrens. Da diese keine Organe der Gemeinde sind, hat der Beschluss unmittelbare Außenwirkung. Er ist ein feststellender VA. Damit ist die **Verpflichtungsklage** die statthafte Klageart. Mit ihr wird nach erfolglosem Antrag der Erlass eines Zulassungs-VA begehrt.

3. **Klagebefugnis**
   Klagebefugt sind die oder der Vertreter (§ 26 VI 3 GO).

4. **Klagefrist**, § 74 II, I VwGO

5. **Beteiligungsfähigkeit**

   a) der Vertreter gemäß § 61 Nr. 1 VwGO als natürliche Personen, da die Gesamtheit der Unterzeichnenden nicht rechtsfähig ist (vgl. die Regelung in § 26 VI 3 GO)

   BEACHTE: Die Vertreter müssen gemeinschaftlich handeln.

   b) die **Gemeinde** als juristische Person gemäß § 61 Nr. 1 VwGO

6. **Prozessfähigkeit**, § 62 VwGO

7. **richtiger Klagegegner** ist gemäß § 78 I Nr. 1 VwGO die Gemeinde

II. Begründetheit

Die Verpflichtungsklage ist begründet, wenn die ablehnende Entscheidung des Rates/Hauptausschusses rechtswidrig ist und die Unterzeichner dadurch in ihren Rechten verletzt sind (vgl. § 113 V VwGO).
Die Ratsentscheidung ist rechtswidrig, wenn das Bürgerbegehren zulässig ist.

Bürgerentscheid

Ein Bürgerentscheid ist durchzuführen, wenn

a) der darauf gerichtete **Antrag**, d.h. das Bürgerbegehren (vgl. § 26 I 1 GO) **zulässig** ist und
der Rat dem Bürgerbegehren nicht zuvor entsprochen hat (§ 26 VI 4 GO).
oder
b) der Rat dies beschließt – sog. Ratsbürgerentscheid (§ 26 I 2 GO)

BEACHTE: Die endgültige und verbindliche Formulierung der zu entscheidenden Frage ergibt sich aus dem im Anschluss an das Bürgerbegehren zu treffenden Beschluss über die Zulassung des Bürgerentscheids. Dabei hat der Rat ggfs. die Aufgabe, aus dem Antrag (Bürgerbegehren) eine Fragestellung i.S.d. § 26 VII 1 GO zu formulieren. Hierbei hat er sich so eng wie möglich an der Formulierung in der Unterschriftenliste zu orientieren.

Entscheidung der Bürger

Die Frage ist in dem Sinne entschieden, in dem sie von der Mehrheit der gültigen Stimmen beantwortet wurde (§ 26 VII 2 GO).

BEACHTE:
- Bei Stimmengleichheit gilt die Frage als mit „Nein" beantwortet (§ 26 VII 4 GO).

Wirkung eines Bürgerentscheides

Der Bürgerentscheid hat die Wirkung eines **Ratsbeschlusses** (§ 26 VIII 1 GO).

Vor Ablauf von zwei Jahren kann er **nur auf Initiative des Rates** durch einen neuen Bürgerentscheid abgeändert werden (§ 26 VIII 2 GO), d.h. er kann innerhalb dieser Zeit

- weder durch einen Ratsbeschluss
- noch durch einen Bürgerentscheid nach einem Bürgerbegehren (§ 26 V 2 GO)

abgeändert oder aufgehoben werden.

Ein Bürgerentscheid ist wie ein Ratsbeschluss vom Bürgermeister durchzuführen (§ 62 II 2 GO).

Bürgerentscheid
- Fortsetzung -

Rechtsmittel
(gegen einen rechtswidrigen Bürgerentscheid)

a) **der Gemeinde:**
Obwohl der Bürgerentscheid die Wirkung eines Ratsbeschlusses hat, scheidet eine Beanstandung durch den Bürgermeister (§ 54 II GO) aus. Denn das Ziel einer Beanstandung ist eine erneute Beratung und Beschlussfassung (vgl. § 122 I 2 GO). Ein Bürgerentscheid ist jedoch das Ergebnis einer Abstimmung und nicht einer Beratung mit anschließender Beschlussfassung. Unabhängig davon ist eine Beratung durch die Bürger praktisch nicht durchführbar.

b) **der Kommunalaufsicht:**
- Eine Aufhebung des rechtswidrigen Bürgerentscheids durch die Kommunalaufsicht nach § 122 I 2 GO scheidet aus, da die vorher erforderliche Beanstandung durch den Bürgermeister aus o.g. Gründen nicht möglich ist.
- In Betracht kommt dagegen die **Anordnung, den rechtswidrigen Bürgerentscheid aufzuheben** (vgl. § 123 GO). Denn der Umstand, dass der Gesetzgeber keine Möglichkeit geschaffen hat, rechtswidrige Bürgerentscheide zu beanstanden, darf nicht zu einem rechtswidrigen Handeln der Gemeinde führen (Grundsatz der Gesetzmäßigkeit der Verwaltung Art. 20 III GG).

c) **der Bürger:**
Eine isolierte Anfechtung des Bürgerentscheids ist nicht möglich, da insbesondere seine Bekanntgabe kein Verwaltungsakt ist. Ferner wird durch ihn kein Rechtsverhältnis i.S.d. § 43 I VwGO begründet.
Angefochten werden kann dagegen eine konkrete Entscheidung, die auf der Grundlage des als Ratsbeschluss geltenden Bürgerentscheids ergeht.

Selbstverwaltungsgarantie

Das Recht auf Selbstverwaltung wird durch Art. 28 II 1 GG, Art. 78 II LVerf verfassungsrechtlich garantiert.

- Die Selbstverwaltungsgarantie dient der Abwehr staatlicher Eingriffe und sichert einen Mindestbestand kommunaler Aufgaben. Sie beinhaltet zugleich die Pflicht zur Wahrnehmung der wesentlichen Selbstverwaltungsaufgaben. Sie stellt jedoch **kein Grundrecht** dar. Der Rechtsbehelf gegen Eingriffe in den Schutzbereich ist daher nicht die (Individual-) Verfassungsbeschwerde, sondern der eigene Rechtsbehelf der Kommunalverfassungsbeschwerde, Art. 93 I Nr. **4b** GG. Die Selbstverwaltungsgarantie bezieht sich auf folgende Bereiche:

institutionelle Garantie des Rechtssubjektes „Gemeinde"

= die Gewährleistung der Gemeinden als Institution

BEACHTE: Garantiert wird nur die **Existenz der Gemeinden als Institution**, nicht jedoch der individuelle Bestand einer einzelnen Gemeinde.
Aus Gründen des öffentlichen Wohls können daher Gemeindegrenzen geändert, Gemeinden aufgelöst oder neugebildet werden (vgl. § 17 I GO).

objektive Rechtsinstitutionsgarantie

Aufgabenbestand	**Aufgabenwahrnehmung**
= die Gewährleistung eines Aufgabenkreises	= die Gewährleistung einer **eigenverantwortlichen** Führung der Geschäfte
Frage nach dem „**ob**" der Aufgabenerfüllung	Frage nach dem „**wie**" der Aufgabenerfüllung
Art. 28 II 1 GG: alle Angelegenheiten der örtlichen Gemeinschaft	Art. 28 II 1 GG: in eigener Verantwortung

subjektive Rechtsstellungsgarantie

= **subjektives öffentliches Recht** (= Anspruch) auf Selbstverwaltung

Folge: Gewährung des Rechts der **Kommunalverfassungsbeschwerde** sowie der **Klagebefugnis** nach § 42 II VwGO gegen staatliche Maßnahmen.

Grenzen der Selbstverwaltung

Grundsatz: Allzuständigkeit der Gemeinde
(Art. 28 II 1 GG, Art. 78 II LVerf, § 2 GO)

Einschränkung:
a) Aufgaben der **örtlichen Gemeinschaft** (Art. 28 II 1 GG)
   Folge: Zu überörtlichen Angelegenheiten dürfen die Gemeinden weder Beschlüsse fassen noch sonstige Regelungen treffen.

b) **Gesetzesvorbehalt** = Das Recht auf Selbstverwaltung besteht nur im Rahmen der Gesetze (Art. 28 II 1 GG, Art. 78 LVerf, § 2 GO).
   Gesetze = alle formellen und materiellen Gesetze
   (= auch Rechtsverordnungen und Satzungen)
   Die Zulässigkeit der gesetzlichen Einschränkung des Selbstverwaltungsrechts richtet sich danach, ob das Gesetz in den Kern- oder den Randbereich der kommunalen Aufgaben eingreift:

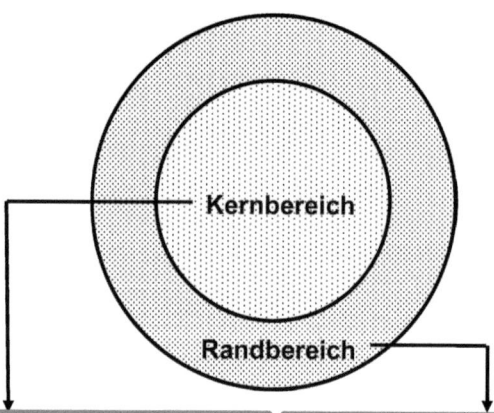

| Zum **Kernbereich** gehört kein bestimmter Aufgabenkatalog; seine Bestimmung erfolgt vielmehr im Einzelfall. Entscheidendes Kriterium ist dabei der Wortlaut des Art. 28 II GG:
a) Allzuständigkeit = **Zuständigkeitsvermutung**
b) eigenverantwortliche Führung der Geschäfte

Ein **Eingriff** in den Kernbereich ist **nicht zulässig** (sog. Kernbereichstheorie). | Zum **Randbereich** gehören die sonstigen Angelegenheiten der örtlichen Gemeinschaft, d.h. alle Angelegenheiten, die nicht zum Kernbereich zählen.
Ein **Eingriff** in den Randbereich ist **zulässig, wenn** er
a) im übergeordneten öffentlichen Interesse liegt und
b) verhältnismäßig ist. |

Gemeindehoheiten

Die Gemeindehoheiten gehören in ihrem **Grundbestand** zum Kernbereich der Selbstverwaltung.
Die konkrete **Ausgestaltung** der Hoheitsrechte gehört hingegen **nicht zum Kernbereich**; Beschränkungen sind „im Rahmen der Gesetze" möglich.

Zu den Gemeindehoheiten gehören die

Gebietshoheit

= die Befugnis, gegenüber allen Personen und Sachen, die sich **im Gemeindegebiet** befinden, rechtserhebliche Handlungen vorzunehmen.

BEACHTE: **Nicht zum Kernbereich** gehört der unveränderte Bestand der Gemeindegrenzen (vgl. § 17 I GO).

Organisationshoheit

= die Befugnis, eigenverantwortlich die Art und Weise der Aufgabenerledigung zu bestimmen.

Finanzhoheit

= die Befugnis, über die Einnahmen und Ausgaben im Rahmen eines geordneten Haushaltswesens selbständig zu bestimmen.

BEACHTE: Die Finanzhoheit gibt den Gemeinden einen Anspruch gegen das Land auf eine **angemessene Finanzausstattung** (vgl. Art. 78 III LVerf, § 3 IV GO; Art. 79 S. 2 LVerf).

Personalhoheit

= die Befugnis zur Auswahl, Einstellung, Beförderung und Entlassung von eigenem Personal (Beamte, Angestellte, Arbeiter).

Rechtsetzungshoheit

= die Befugnis, die eigenen Angelegenheiten durch Satzung (vgl. § 7 GO) oder Verwaltungsakt zu regeln.

9. Selbstverwaltung der Gemeinden

Gemeindehoheiten
- Fortsetzung -

Planungshoheit

= die Befugnis, eigenverantwortlich über die Nutzung und Gestaltung des Gebietsbestandes (= der Grundstücke, vgl. § 16 I GO) zu bestimmen.

BEACHTE: Zur Planungshoheit gehört auch das Recht, Bereiche der Gemeinde bewusst ungeplant zu lassen (negatives Planungsrecht).

Daseinsvorsorge

= die Befugnis, die für die wirtschaftliche, soziale und kulturelle Versorgung der Einwohner erforderlichen Einrichtungen zu schaffen und zu unterhalten (vgl. §§ 8 I, 107ff GO)

Bsp.:
Energieversorgungsunternehmen, Musikschulen, Theater, Sporteinrichtungen

Eingriff in das Selbstverwaltungsrecht
- Prüfungsaufbau -

Art. 28 II GG beinhaltet kein Grundrecht; soweit es um die Prüfung staatlicher Eingriffe in das Selbstverwaltungsrecht geht, ist der Prüfungsaufbau jedoch vergleichbar mit dem Aufbau einer abwehrrechtlichen Grundrechtsprüfung:

I. Schutzbereich des Art. 28 II GG, 78 II LVerf eröffnet
1. Garantie der Gemeinden als Institution (Rechtssubjektsgarantie)
2. Allzuständigkeit
3. eigenverantwortliche Aufgabenwahrnehmung

II. Eingriff in den Schutzbereich
1. unmittelbar (z.B. durch Gesetz, Rechtsverordnung)
2. mittelbar (z.B. durch VA)

III. verfassungsrechtliche Rechtfertigung des Eingriffs

1. Schranken

Das Selbstverwaltungsrecht besteht nur
„**im Rahmen der Gesetze**" (vgl. Art. 28 II) bzw.
„**soweit die Gesetze nichts anderes vorschreiben**" (vgl. Art. 78 II LVerf)
(sog. Gesetzesvorbehalt).

Gesetze = alle formellen und materiellen Gesetze (auch RVO'en, Satzungen)

2. Schranken-Schranken

a) Ein Eingriff in den **Kernbereich** ist **unzulässig**.
b) Ein Eingriff in den **Randbereich** ist **zulässig, wenn** er
   aa) im übergeordneten öffentlichen Interesse liegt
      (Zweck des Eingriffs prüfen)
      - Kein übergeordnetes öffentliches Interesse liegt vor, wenn der Eingriff z.B. aus bloß finanziellen Gründen oder aus Gründen reiner Verwaltungsvereinfachung erfolgt. -
   bb) verhältnismäßig ist.
      Der Eingriff in den Randbereich muss zur Erreichung des Zweckes geeignet, erforderlich und angemessen sein.

Rechtsschutz
gegen Eingriffe in das Selbstverwaltungsrecht
- Überblick -

```
                    unmittelbarer Eingriff
                    (z.B. durch Gesetz, RVO)
                    /                        \
        durch das Land              durch den Bund
                                    (subsidiär, § 91 S. 2 BVerfGG)
              │                              │
        Kommunal-                      Kommunal-
    verfassungsbeschwerde          verfassungsbeschwerde

    vor dem Landesgerichtshof         vor dem BVerfG
    (Art. 75 Nr. 4 LVerf i.V.m.       (Art. 93 I Nr. 4b GG i.V.m.
      §§ 12 Nr. 8, 52 VGHG)            §§ 13 Nr. 8a, 91 BVerfGG)
```

```
                    mittelbarer Eingriff
                      (z.B. durch VA)
                              │
                   Widerspruch bzw. Klage

         insbesondere gegen Maßnahmen der Kommunalaufsicht
```

9. Selbstverwaltung der Gemeinden

Kommunalverfassungsbeschwerde

nach Landesrecht	nach Bundesrecht
Art. 75 Nr. 4 LVerf i.V.m. §§ 12 Nr. 8, 52 VGHG	Art. 93 I Nr. 4b GG i.V.m. §§ 13 Nr. 8a, 91 BVerfGG
I. Zulässigkeit 1. Zuständigkeit Landesverfassungsgerichtshof	**I. Zulässigkeit** 1. Zuständigkeit Bundesverfassungsgericht

2. **Beteiligtenfähigkeit**, § 52 VGHG, § 91 S.1 BVerfGG
Gemeinden / Gemeindeverbände

3. **Beschwerdegegenstand**, § 52 VGHG, § 91 S.1 BVerfGG
Alle vom Land/Bund erlassenen Rechtsnormen, die gegenüber den Gemeinden Außenwirkung entfalten.

4. **Beschwerdebefugnis**
   a) **Behauptung** einer **möglichen** Verletzung des Selbstverwaltungsrechts nach Art. 78 II LVerf / Art. 28 II GG
   b) Die Gemeinde muss durch die angegriffene Regelung **selbst, gegenwärtig** und **unmittelbar betroffen** sein.

5. Rechtswegerschöpfung nicht erforderlich	5. **Rechtswegerschöpfung**, §§ 91, 90 II BVerfGG
	6. **Vorrang der Verfassungsbeschwerde nach Landesrecht**, § 91 S.2 BVerfGG
7. **formelle Anforderungen** a) Schriftform und Begründung, § 18 VGHG b) Jahresfrist, § 52 II VGHG	7. **formelle Anforderungen** a) Schriftform und Begründung, §§ 23, 92 BVerfGG b) Jahresfrist, § 93 III BVerfGG

Kommunalverfassungsbeschwerde
- Fortsetzung -

II. Begründetheit

Die Kommunalverfassungsbeschwerde ist begründet, wenn der **Beschwerdeführer** in seinem **Recht auf Selbstverwaltung verletzt** ist.

- Die weitere Prüfung erfolgt nach dem Prüfungsschema auf Seite 88: Eingriff in das Selbstverwaltungsrecht -

öffentliche Einrichtungen, § 8 GO

Begriff der Einrichtung
= jede Sache oder Sachgesamtheit, die benutzbar ist.
Bsp.: Stadthalle, Theater, Sportstätten etc.

öffentliche Einrichtung
Eine Einrichtung wird durch **Widmung** zu einer öffentlichen Einrichtung i.S.d. **§ 8 GO**.

Widmung
= **öffentlich-rechtliche Willenserklärung** über

- den öffentlichen Zweck der Einrichtung

  BEACHTE: Eine Einrichtung dient zwingend einem öffentlichen Zweck, wenn die Gemeinde öffentlich-rechtlich verpflichtet ist, sie zu schaffen (Bsp.: Schulen). Darüber hinaus steht die Zweck- bestimmung und damit die Entscheidung, ob eine Einrichtung öffentlich oder privat ist, im Ermessen der Gemeinde.

- den Kreis der Nutzer

  BEACHTE: Die Einrichtung muss der allgemeinen Benutzung durch Einwohner bzw. örtliche Vereinigungen (vgl. § 8 IV GO) zugänglich gemacht werden. Dabei ist eine Beschränkung auf bestimmte Personenkreise zulässig.
  Folge: Sachen im Gemeingebrauch (z.B. Straßen) sowie Verwaltungseinrichtungen (nur interner Gebrauch) zählen nicht zu den öffentlichen Einrichtungen i.S.d. § 8 GO.

- die Grenzen der Nutzung und

- die Freigabe der Nutzung

öffentliche Einrichtungen
- Fortsetzung -

Die Widmung kann durch einen **ausdrücklichen Widmungsakt** (z.B. durch Satzung, Ratsbeschluss) oder **konkludent** durch den tatsächlichen Umgang der Gemeinde mit der Einrichtung (z.B. Duldung der öffentlichen Nutzung, Zulassungspraxis, Gebührenerhebung) erfolgen.

BEACHTE:
- Ist eine Widmung nicht nachweisbar, so besteht für kommunale Einrichtungen, die öffentlich nutzbar sind, die widerlegbare Vermutung einer öffentlichen Einrichtung i.S.d. § 8 GO.
- Um eine Einrichtung widmen zu können, muss die Gemeinde über sie verfügen können. Dies ist unproblematisch der Fall, wenn die Gemeinde eine Einrichtung selbst betreibt. Wird die Einrichtung im Auftrag der Gemeinde durch einen privaten Dritten betrieben, kommt es darauf an, ob die Gemeinde einen beherrschenden Einfluss auf den Dritten ausüben kann. Diesen Einfluss kann sie durch eine überwiegend kommunale Finanzierung oder eine entsprechende Gestaltung der Gesellschaftsverträge sicherstellen.
- Öffentliche Einrichtungen i.S.d. § 8 GO müssen nicht zwingend gemeinnützig sein; sie können auch mit der Absicht der Gewinnerzielung betrieben werden (vgl. § 107ff GO).

Klage auf Zulassung zu einer öffentlichen Einrichtung

I. **Zulässigkeit**

1. Eröffnung des **Verwaltungsrechtswegs**, § 40 I 1 VwGO

   a) **öffentlich-rechtliche Streitigkeit**

   > **Exkurs: Zwei-Stufen-Theorie**
   >
   > **1. Stufe:** Entscheidung über die **Zulassung zur Einrichtung** (Frage nach dem „ob").
   > Mit der Klage auf Zulassung zu einer Einrichtung macht der Kläger seinen Anspruch aus § 8 II GO geltend. Streitentscheidend ist demnach eine Norm des öffentlichen Rechts. Streitigkeiten über die Zulassung sind demnach immer **öffentlich-rechtlicher Natur**.
   >
   > **2. Stufe:** Entscheidung über die **Art und Weise der Benutzung** (Frage nach dem „wie").
   > Das Benutzungsverhältnis kann sich sowohl nach öffentlichem Recht als auch nach privatrechtlichen Vorschriften richten (Wahlrecht der Gemeinde). Entsprechend ist entweder der Verwaltungsrechtsweg oder der Rechtsweg vor den Zivilgerichten eröffnet.

   Bei einer Klage auf Zulassung zu einer Einrichtung ist die 1. Stufe einschlägig.
   Nach h.M. ist dabei bereits im Rahmen der Zulässigkeit zu prüfen, ob tatsächlich die Zulassung zu einer **öffentlichen Einrichtung i.S.d. § 8 GO** begehrt wird. Ist dies der Fall, liegt eine öffentlich-rechtliche Streitigkeit i.S.d. § 40 I 1 VwGO vor.

   b) **nichtverfassungsrechtlicher Art** (+)

2. **statthafte Klageart**

   a) **Die Gemeinde betreibt die Einrichtung selbst:**
   Über die Zulassung wird durch Verwaltungsakt entschieden. Der Anspruch auf Zulassung ist daher durch eine **Verpflichtungsklage** (§ 42 I VwGO) geltend zu machen.

   b) **Die Einrichtung wird im Auftrag der Gemeinde durch eine rechtlich selbständige Gesellschaft betrieben:**
   Der Anspruch gegen die Gemeinde kann in diesem Fall nicht auf die Zulassung gerichtet sein. Die Gemeinde kann lediglich verpflichtet werden, auf die rechtlich selbständige Gesellschaft einzuwirken, die Nutzung der Einrichtung zuzulassen (sog. Verschaffungsanspruch). Dieses „Einwirken" ist kein Verwaltungsakt, sondern eine schlichte Handlung. Die statthafte Klageart ist daher die **Leistungsklage**.

3. **Klagebefugnis**, § 42 II VwGO (analog im Falle der Leistungsklage)

4. **Vorverfahren** erfolglos durchgeführt, §§ 68 II, I 1, 73 VwGO

   BEACHTE:
   - Entbehrlichkeit des Vorverfahrens nach § 110 JustizG NRW
   - Im Falle einer Leistungsklage ist ein Vorverfahren nicht erforderlich.

4. **Klagefrist**, § 74 II, I VwGO

   BEACHTE: Eine Leistungsklage ist an keine Frist gebunden.

6. **Beteiligungsfähigkeit**, § 61 VwGO
   - einer natürlichen Person / eines eingetragenen Vereins (e.V.) nach § 61 Nr. 1 VwGO (+)
   - eines Ortsverbandes einer Partei (i.d.R. kein e.V.) nach § 61 Nr. 2 VwGO (+), da diesem als Personenvereinigung nach § 8 IV GO ebenfalls ein Anspruch auf Nutzung und damit ein Recht i.S.d. § 61 Nr. 2 VwGO zustehen kann
   - einer Partei selbst bzw. eines Gebiets-/Landesverbandes einer Partei nach § 61 Nr. 1 VwGO (+), da diese nach § 3 ParteiG selbst klagen kann

7. **Richtiger Klagegegner** ist gemäß § 78 I Nr. 1 VwGO die Gemeinde

II. **Begründetheit** im Falle einer

- **Verpflichtungsklage:**
  Die Verpflichtungsklage ist begründet, wenn die Ablehnung der Zulassung rechtswidrig und der Kläger dadurch in seinen Rechten verletzt ist (vgl. § 113 V VwGO).

- **Leistungsklage:**
  Die Leistungsklage ist begründet, wenn die Gemeinde sich rechtswidrig weigert, auf die rechtlich selbständige Gesellschaft einzuwirken, die Nutzung der Einrichtung durch den Kläger zuzulassen und der Kläger dadurch in seinen Rechten verletzt ist.

Dies setzt in beiden Fällen voraus, dass der Kläger einen Anspruch auf die begehrte Nutzung hat.

Anspruchsgrundlage: § 8 II (IV) GO

Voraussetzungen:

1. Vorliegen einer **öffentlichen Einrichtung** i.S.d. § 8 GO

2. Grundsätzlich ist die Zulassung auf **Einwohner** bzw. **ortsansässige juristische Personen oder Personenvereinigungen** (vgl. § 8 IV GO) beschränkt.

   BEACHTE: Lediglich der Veranstalter muss seinen Sitz in der Gemeinde haben. Ob die Besucher einer Veranstaltung überwiegend ortsfremd sind, ist nicht entscheidend.

3. **Nutzung im Rahmen des geltenden Rechts**, d.h. insbesondere

   - Einhaltung des Widmungszwecks
   - Berücksichtigung der Kapazitäten, d.h. insbesondere
     - die Kapazität der Einrichtung reicht aus
     - die Einrichtung ist tatsächlich verfügbar, insbesondere nicht bereits anderweitig vergeben
   - keine dringende Gefahr der Begehung von Straftaten / Ordnungswidrigkeiten, die der Veranstalter zu verantworten hat

BEACHTE:
- Die Zulassung kann mit einer Auflage, z.B. der Hinterlegung einer Kaution bei drohenden Schäden, versehen werden.
- Die behauptete Verfassungsfeindlichkeit einer Partei reicht nicht aus, die Zulassung zu versagen. Denn über die Frage der Verfassungswidrigkeit einer Partei hat gemäß Art. 21 II 2 GG allein das BVerfG zu entscheiden. Solange das BVerfG eine Partei nicht für verfassungswidrig erklärt hat, hat diese den gleichen Anspruch auf Zulassung wie andere Parteien auch.
- Stellt ein Träger öffentlicher Gewalt den Parteien Einrichtungen zur Verfügung, sollen alle Parteien gleichbehandelt werden (§ 5 ParteiG).

Anschluss- und Benutzungszwang, § 9 GO

Voraussetzungen:

- **Öffentliches Bedürfnis** (+), wenn vernünftige Gründe des Gemeinwohls den Anschluss- und Benutzungszwang rechtfertigen, d.h. dadurch nach objektiven Maßstäben das Wohl der Einwohner gefördert wird.

  BEACHTE: Das Oberverwaltungsgericht NRW versteht das „öffentliche Bedürfnis" gesetzestechnisch nicht als unbestimmten Rechtsbegriff.
  Es sieht darin vielmehr einen Hinweis des Gesetzgebers an den Rat, bei der Einführung des Anschluss- und Benutzungszwangs die örtlichen Verhältnisse und Besonderheiten sorgfältig zu prüfen und zu berück- sichtigen. Dies ist nach Ansicht des Oberverwaltungsgerichts NRW eine Frage der Rechtspolitik und der Ausübung des gesetzgeberischen Ermessens. Dem Ortsgesetzgeber stehe daher bei der Auslegung des Begriffs „öffentliches Bedürfnis" ein Ermessensspielraum zu (vgl. OVG NRW NVwZ 1987, 727).
  Das Ergebnis der Ermessensausübung ist gerichtlich nur in den Grenzen des § 114 VwGO nachprüfbar.

- Anordnung durch **Satzung**

Anschlusszwang

= **grundstücksbezogen**
(§ 9 Satz 1 GO: „...für die Grundstücke ihres Gebiets...")

Ein Anschluss kann z.B. vorgeschrieben werden an

- Wasserleitungen und Kanalisation
- ähnliche der Gesundheit dienende Einrichtungen
  = Einrichtungen, die in ihrer Zielsetzung den Einrichtungen Wasserleitung und Kanalisation vergleichbar sind (z.B. Friedhöfe)
- Einrichtungen zur Versorgung mit Fernwärme

Benutzungszwang

= **personenbezogen**

Eine Benutzung kann z.B. vorgeschrieben werden für

- alle Einrichtungen, für die der Anschlusszwang gilt
- Schlachthöfe

BEACHTE: Der Benutzungszwang setzt zwingend den Zwang zum Anschluss an die Einrichtung voraus. Dagegen kann ein Anschlusszwang auch ohne Benutzungszwang angeordnet werden. In diesem Fall wird lediglich die jederzeitige Möglichkeit einer Nutzung im Bedarfsfall sichergestellt.

wirtschaftliche Betätigung der Gemeinden

Der Begriff „wirtschaftliche Betätigung" ist in **§ 107 I 3 GO** definiert. Danach liegt eine wirtschaftliche Betätigung vor, wenn eine Gemeinde

- ein Unternehmen betreibt, das
- als Hersteller, Anbieter oder Verteiler von Gütern oder Dienstleistungen am Markt tätig wird, sofern
- die Leistung ihrer Art nach auch von einem Privaten
- mit der Absicht der Gewinnerzielung erbracht werden könnte (= ob die Gemeinde tatsächlich mit Gewinnerzielungsabsicht handelt, ist nicht entscheidend).

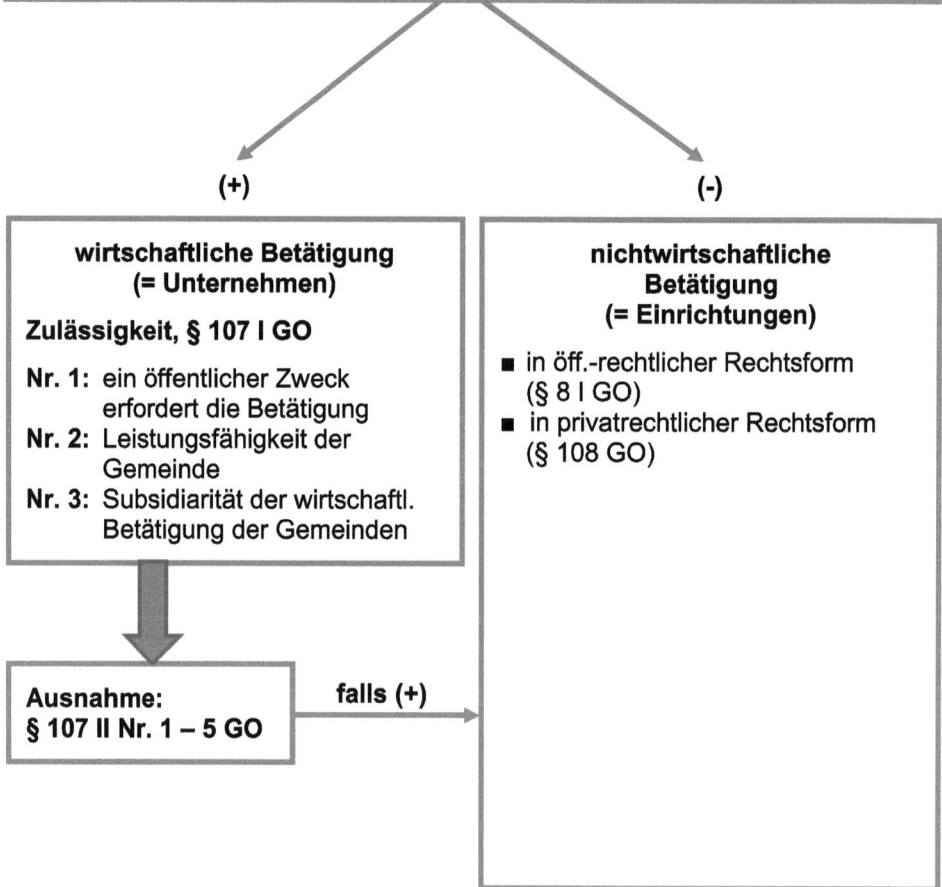

(+)

wirtschaftliche Betätigung (= Unternehmen)

Zulässigkeit, § 107 I GO

Nr. 1: ein öffentlicher Zweck erfordert die Betätigung
Nr. 2: Leistungsfähigkeit der Gemeinde
Nr. 3: Subsidiarität der wirtschaftl. Betätigung der Gemeinden

Ausnahme: § 107 II Nr. 1 – 5 GO   falls (+)

(-)

nichtwirtschaftliche Betätigung (= Einrichtungen)

- in öff.-rechtlicher Rechtsform (§ 8 I GO)
- in privatrechtlicher Rechtsform (§ 108 GO)

Rechtsform kommunaler Unternehmen und Einrichtungen

Die Gemeinden können ihre Unternehmen und Einrichtungen betreiben in

öffentlich-rechtlicher Rechtsform

mit eigener Rechtspersönlichkeit

= juristische Personen des öffentlichen Rechts

Bsp.:
- Körperschaften
- Anstalten (z.B. Sparkassen)
- Stiftungen

ohne eigene Rechtspersönlichkeit

Bsp.:
- Eigenbetrieb
- Regiebetrieb

privatrechtlicher Rechtsform

Einschränkung:

Die Zulässigkeitsvoraussetzungen des § 108 GO müssen vorliegen.

Bsp.:
- AG
- GmbH
- KG

Aufgaben der Kreise

Wie bei den Gemeinden lassen sich die Aufgaben der Kreise einteilen in
- **Selbstverwaltungsaufgaben**
  - **freiwillige** (vgl. § 2 I 1 KrO)
  - **pflichtige** (vgl. § 2 II KrO)
- **Pflichtaufgaben zur Erfüllung nach Weisung** (vgl. § 2 II 3 KrO)
- **Auftragsangelegenheiten** (Bundesrecht / altes Landesrecht)

BEACHTE:
- Die **staatlichen** Aufgaben, die der Landrat als untere staatliche Verwaltungsbehörde wahrnimmt (vgl. §§ 58, 59 KrO, § 9 II LOG), gehören nicht zu den Aufgaben der Kreise (Fall der Organleihe).
- Bei den Selbstverwaltungs**pflicht**aufgaben, den **Pflicht**aufgaben zur Erfüllung nach Weisung sowie den **Auftrags**angelegenheiten ist die **Verpflichtung zur Aufgabenerledigung gesetzlich klar geregelt**. Bei den freiwilligen Selbstverwaltungsaufgaben fehlt es hingegen an einer eindeutigen Aufgabenverteilung zwischen Gemeinden und Kreisen.
Während die Gemeinden für die Angelegenheiten der **örtlichen** Gemeinschaft zuständig sind, gehören zu den freiwilligen Selbstverwaltungsaufgaben der Kreise die auf ihr Gebiet begrenzten **überörtlichen** Angelegenheiten (vgl. § 2 I KrO).
Eine eindeutige **Abgrenzung zwischen örtlichen und überörtlichen Angelegenheiten** ist nicht möglich und im Sinne einer flexiblen Aufgabenverteilung zwischen Gemeinden und Kreisen auch nicht gewollt. Wer für eine bestimmte Aufgabe zuständig ist, ist für jeden Einzelfall gesondert zu ermitteln.
Dabei lassen sich die überörtlichen Aufgaben abstrakt wie folgt einteilen:

- **übergemeindliche Aufgaben**
  = Aufgaben, die von den kreisangehörigen Gemeinden nur koordiniert, d.h. nicht ohne Abstimmung untereinander, wahrgenommen werden können. Die überörtliche Aufgabenerledigung ergibt sich aus der Natur der Sache heraus.
  Bsp.: Unterhaltung von Naturparks

- **ergänzende Aufgaben**
  = Aufgaben, die die kreisangehörigen Gemeinden nicht standardmäßig wahrnehmen. Die überörtliche Aufgabenerledigung erfolgt auf der Grundlage einer politisch-wertenden Entscheidung:

  Zuständigkeitsvorrang ⟵ *Abwägung* ⟶ Ausgleichsfunktion
  der Gemeinden   der Kreise

Selbstverwaltungsgarantie

Das Recht auf Selbstverwaltung wird den Kreisen durch
Art. 28 II 2 GG, Art. 78 LVerf
verfassungsrechtlich garantiert.

Gemäß Art. 28 II 2 GG haben auch die Gemeindeverbände und damit die Kreise im Rahmen ihres gesetzlichen Aufgabenbereiches nach Maßgabe der Gesetze das Recht der Selbstverwaltung.

BEACHTE: Wird einem Kreis eine Aufgabe übertragen oder entzogen, kann er grds. nicht die Verletzung seines Selbstverwaltungsrechtes aus Art. 28 II 2 GG geltend machen, da ihm der geschützte Aufgabenbestand lediglich „nach Maßgabe der Gesetze" zugewiesen ist.

Die Selbstverwaltungsgarantie bezieht sich auf folgende Bereiche:

institutionelle Garantie des Rechtssubjektes „Kreis"

= Gewährleistung der Kreise als Institution

BEACHTE: Garantiert wird nur die **Existenz der Kreise als Institution**, nicht jedoch der individuelle Bestand eines einzelnen Kreises.
Aus Gründen des öffentlichen Wohls können daher Kreisgrenzen geändert, Kreise aufgelöst oder neugebildet werden (vgl. §§ 14ff, insbes. § 16 I KrO).

objektive Rechtsinstitutionsgarantie

Aufgabenbestand	**Aufgabenwahrnehmung**
(Frage nach dem „ob" der Aufgabenerfüllung)	= Gewährleistung einer **eigenverantwortlichen** Führung der Geschäfte
Art. 28 II 2 GG: gesetzlicher Aufgabenbereich	(Frage nach dem „wie" der Aufgabenerfüllung)
BEACHTE: Art. 28 II 2 GG garantiert den Kreisen im Gegensatz zu den Gemeinden keine Allzuständigkeit, sondern nur einen Mindestbestand an Aufgaben, der eine Selbstverwaltung ermöglicht. Dabei ist der Zuständigkeitsvorrang der Gemeinden zu beachten.	**Art. 28 II 2 GG: in eigener Verantwortung**

Selbstverwaltungsgarantie
- Fortsetzung -

Subjektive Rechtsstellungsgarantie

= **subjektives öffentliches Recht** auf Selbstverwaltung

Folge: Gewährung

1. des Rechts der **Kommunalverfassungsbeschwerde**

2. der **Klagebefugnis** nach § 42 II VwGO gegen staatliche Maßnahmen.

Kreisorgane

Kreistag, §§ 25 – 41 KrO

Zuständigkeiten, § 26 I KrO

- § 26 I 1 KrO: Der Kreistag beschließt über alle Angelegenheiten des Kreises, die ihrer Bedeutung nach einer solchen Entscheidung bedürfen oder die er sich vorbehält, soweit die Kreisordnung keine anderweitige Regelung trifft.
- § 26 I 2 KrO: Abschließende Aufzählung von Aufgaben, für die ausschließlich der Kreistag zuständig ist.

BEACHTE: Der Kreistag ist ein **reines Verwaltungsorgan** und **kein Parlament** i.S.d. Gewaltenteilungsgrundsatzes (vgl. § 8 KrO). Dem steht nicht entgegen, dass der Kreis gemäß § 5 KrO befugt ist, Satzungen zu erlassen. Denn die Satzungsbefugnis ist Teil der Verwaltungsaufgaben und von diesen nicht zu trennen. Der Grundsatz der Gewaltenteilung gilt daher im Gemeindeverfassungsrecht nicht.

Kreisausschuss, §§ 50 – 52 KrO

Zuständigkeiten; § 50 KrO

- § 50 I KrO: Der Kreisausschuss beschließt über alle Angelegenheiten, soweit sie nicht
  - dem Kreistag vorbehalten sind (vgl. § 26 I KrO) oder
  - soweit es sich nicht um Geschäfte der laufenden Verwaltung handelt (= Zuständigkeit des Landrats, vgl. § 42 Buchst. a) KrO)
- § 50 II KrO: Planung der Verwaltungsaufgaben von besonderer Bedeutung
- § 50 III KrO: Dringlichkeitsentscheidungen

Kreisorgane
- Fortsetzung -

**Landrat,
§§ 42 – 49 KrO**

Der Landrat ist zuständig für

repräsentative Aufgaben

vgl. § 25 II KrO: Vorsitzender des Kreistags ist der Landrat. Ihm obliegt die repräsentative Vertretung des Kreises.

Verwaltungsaufgaben

vgl. insbesondere § 42 Buchst. a) KrO (Führung der Geschäfte der laufenden Verwaltung).

Gemäß § 58 I KrO werden vom Landrat und vom Kreisausschuss auch die Aufgaben der unteren staatlichen Verwaltungsbehörde wahrgenommen.
Sie handeln in diesen Fällen jedoch <u>nicht</u> als Organ des Kreises, sondern direkt für den Staat (Fall der Organleihe).

Stichwortverzeichnis

Abstimmung durch Beschluss **14**
allgemeine Aufsicht **28**
allgemeine Wahl **45**
Allzuständigkeit des Rates **3, 43**
Amtsblatt **20**
Amtshaftung **56**
Angelegenheit der örtlichen Gemeinschaft **2**
Anordnungsrecht **34**
Anschluss- und Benutzungszwang **98**
Aufgaben der Kreise **101**
Aufgaben des Bürgermeisters **59**
Aufgaben des Rates **42**
Aufgabenkreis nach Größe der Gemeinde **27**
Aufsicht **25**
Auftragsangelegenheiten **26**
Ausschluss der Öffentlichkeit **13**
Ausschüsse **63**

Beanstandungs- und Aufhebungsrecht **32**
Befangenheit **9**
Befugnisse des Bürgermeisters **62**
Bekanntmachung **18**
Bekanntmachungsverordnung **19**
Beschluss **14**
Beschlussfähigkeit des Rates **10**
Bürger **69**
Bürgerbegehren **76ff**
Bürgerbegehren - Unzulässigkeit nach § 26 V GO **78**
Bürgerentscheid **82**
Bürgermeister **57ff**
Bürgermeister – Aufgaben **59**
Bürgermeister – Befugnisse **62**

Daseinsvorsorge **87**

Einberufung des Rates **4**
einfache Mehrheit **14**
Eingriff in das Selbstverwaltungsrecht **89**
Einhaltung der Geschäftsordnung **8**
Einrichtung – öffentliche **92**
Einwohner **69**
Einwohnerantrag **72ff**
Ersatzvornahme **35**

Fachaufsicht **38**
Finanzhoheit **86**
Folgen einer Pflichtverletzung **55**
Fraktion **49**
freie Wahl **45**
freiwillige Selbstverwaltungsaufgaben **26**

Gebietshoheit **86**
geheime Wahl **45**
Gemeindehoheiten **86**
Gemeindeorgane **39**
Geschäft der laufenden Verwaltung **3**
Geschäftsordnung **8**
gleiche Wahl **45**
Grenzen der Selbstverwaltung **85**
Große kreisangehörige Städte **27**

Inkrafttreten einer Satzung **21**
Innerorganstreit **65**
Interorganstreit **65**

Kleine kreisangehörige Gemeinden **27**
kommunale Unternehmen **100**
Kommunalverfassungsbeschwerde **90**
Kommunalverfassungsstreitverfahren **65**
Kommunalverfassungsstreitverfahren – Klageart **66**
Kommunalverfassungsstreitverfahren – Prüfungsschema **66**
Kreisausschuss **104**
Kreise **101**
kreisfreie Gemeinden **27**
Kreisorgane **104**
Kreistag **104**

Landrat **105**

Mittlere kreisangehörige Städte **27**
Mitwirkungsrechte von Einwohnern und Bürgern **71**
Mitwirkungsverbot **9**

öffentliche Bekanntmachung **18**
öffentliche Einrichtung **92**
öffentliche Einrichtung - Klage auf Zulassung **94**

Öffentlichkeit – Ausschluss **13**
Öffentlichkeitsgrundsatz **12**
Ordnungsgeld **55**
Organe der Kreise **104**
Organisationshoheit **86**
Organkompetenz **3**
Organstreitverfahren **65**
Organstreitverfahren – Klageart **66**
Organstreitverfahren – Prüfungsschema **67**

Personalhoheit **86**
Pflicht zur Verschwiegenheit **52**
Pflichtaufgaben zur Erfüllung nach Weisung **26**
Pflichten der Ratsmitglieder **51**
pflichtige Selbstverwaltungsaufgaben **26**
Pflichtverletzung – Folgen **55**
Planungshoheit **87**

Rat **41ff**
Rat – Aufgaben **42**
Rat – Beschlussfähigkeit **9**
Rat – Einberufung **4**
Rat – Öffentlichkeit der Sitzungen **12**
Rat – Wahl **45**
Rat – Zusammensetzung **44**
Rat – Zuständigkeit **43**
Ratsbeschluss **1**
Ratsbeschluss – Nichtigkeit **15**
Ratsbeschluss - Rechtsfolge bei Rechtswidrigkeit **15**
Ratsbürgerentscheid **82**
Ratsmitglieder – Pflichten **51**
Ratsmitglieder – Rechte **47**
Recht auf Ausübung des Mandats **47**
Rechte der Ratsmitglieder **47**

Satzung – Inkrafttreten **21**
Satzung – inzidente Überprüfung der Rechtmäßigkeit im Rahmen einer
          Anfechtungsklage gegen den Vollzugsakt **24**
Satzung – Nichtigkeit **22**
Satzung – Rechtmäßigkeit **16**
Satzung – Rechtsfolge bei Rechtswidrigkeit **22**
Satzung – Unbeachtlichkeit der Verletzung von Verfahrens- und Formvorschriften **23**

Schadensersatz **55**
Selbstverwaltung – Grenzen **85**
Selbstverwaltung – Kernbereich **85**
Selbstverwaltungsaufgaben **26**
Selbstverwaltungsgarantie der Gemeinden **84**
Selbstverwaltungsgarantie der Kreise **102**
Selbstverwaltungsrecht – Eingriff **89**
Sitzungsleitung **7**
Sonderaufsicht **36**

Tagesordnung **5**

unmittelbare Wahl **45**
Unternehmen **100**
Unterrichtungsrecht **31**
Unzulässigkeit eines Bürgerbegehrens nach § 26 V GO **78**

Verbandskompetenz **2**
Verpflichtungserklärungen **61**
Verschwiegenheitspflicht **52**
Vertretung der Gemeinde durch den Bürgermeister **61**
Vertretungsverbot **53**

Wahl des Rates **45**
Wählbarkeit **46**
Wahlgrundsätze **45**
Wahlverfahren **46**
Widmung **92**
wirtschaftliche Betätigung der Gemeinden **99**

Zusammensetzung des Rates **44**
Zuständigkeit des Rates **43**
Zwei-Stufen-Theorie **94**

- Repetitorium -

Nutzen Sie unser vielfältiges

Seminarangebot

zur effektiven und gezielten

Klausur- und Prüfungsvorbereitung.

Alle Infos zu unseren Seminaren finden Sie auf

www.exvo.net

Weitere Bücher aus der JURA2GO Reihe:

Kommunales Finanzmanagement NRW
3. Auflage September 2019, 176 Seiten
12,80 Euro

Polizei- und Ordnungsrecht NRW
7. Auflage September 2014, 47 Seiten
6,80 Euro